香港浸會大學近代史研究中心專刊

# 近代福建知識分子史論

黃嘉康　著

# 致謝

　　一九二〇年，美以美會（Methodist Episcopal Mission）之石美玉（1873-1954）與胡遵理（Jennie V. Hughs, 1874-1951）二人，同至上海建立伯特利教會，藉佈道、醫護、辦學、育孤及文字事工，建立其宣教事業。至一九三〇年更成立「伯特利環遊佈道團」，由計志文（1901-1985）、宋尚節（1901-1944）等領團佈道，足跡遍佈全國，為三〇年代中國宗教復興的一面旗幟。一九三八年因日本侵華，該會神學院及孤兒院南遷香港，繼而內遷貴州。抗戰勝利後，重返上海，終因內戰，於一九四七年再次南移香江。在該會藍如溪（1905-2004）與胡美林（1908-2004）等努力下，於九龍嘉林邊道續辦神學院、中小學幼稚園，並於香港、臺北及多倫多（Toronto）相繼建立教會。發展至今，已然百載，實為華人自立教會中的翹楚，殊值感恩紀念。

　　香港浸會大學歷史系近代史研究中心，成立於二〇〇二年，中心向以近現代史為研究方向，其中對基督史，尤為關注。歷來已接受香港基督教教會及團體捐獻，研究相關課題。今次荷蒙伯特利教會捐款，資助研究，已為該會之百年史研究立項。二〇二〇年正值香港伯特利教會百年嵩壽之時，中心特予出版專刊五種，包括李金強：《近代中國牧師群體的出現》、郭嘉輝：《明代衛所的歸附軍政研究──以「山後人」為例》、譚家齊：《明中晚期的法律史料與社會問題》、黃嘉康：《近代福建知識分子史論》及周子峰：《近代廈門經濟社會史論叢》。五位作者，均為中心成員，所著亦反映中心之研究方向。故以上述專刊之出版，藉此為該會首開賀慶，以表謝忱之意。

# 自序

　　本文集以福建地方區域研究為焦點，探討近代福州知識分子的生平及思想與近代中國的政治、思想及文化方面的發展和影響。歷史學界對於福建一地之研究，其來有自。自上世紀七十年代，臺灣中研院開始了「中國現代化區域研究計劃」，開創了華文史學界以區域為視角探討近代化發展的先河。其中，李國祁教授的《中國現代化的區域研究：閩浙臺地區，1860-1916》，為閩省研究提供了重要的研究範式。九十年代，國內學術風氣日漸成熟，關於閩省近代名人和史事的研究陸續出版，亦加深了國人對此一範疇的認知。至於香港本地方面，李金強、周子峰、彭淑敏、姜嘉榮等人分別從人物研究、革命史、城市發展、教會歷史及教育近代化等範疇研究，並相繼出版有關書籍，為福建地方研究提供了多元視角。

　　二〇〇六年，筆者從樹仁歷史系本科畢業後，進入浸會大學修讀碩士課程，有幸得到李金強老師的指導，其後以陳寶琛的生平與思想為研究題目，完成了博士學位課程，自始開啟了以中國近代史與閩臺研究為業的學術生涯。一路走來，蒙金強師不棄，一直鼓勵對福建知識分子進行深耕。過去十年間，筆者先後於本地和海外的研討會中，發表了相關主題的文章，而此次出版的論文集以福建近代知識分子為題，選擇了了其中一部分較具代表性的文章，收錄其中。期望此書能為福建區域研究，尤其在近代人物研究方面作出微薄的貢獻。

　　全書所收論文，以福建地區的近代知識分子為主要對象。在過去，不少重要的閩省精英，為兩岸三地學者所重視，如林則徐、沈葆楨、嚴復、黃乃裳等，研究成果豐碩。然而，部分閩省知識分子，如林白水、陳寶琛、陳衍等，名氣雖不及前者之大，然而他們在近代中國歷史上仍佔重要之一席位。

他們過去較受學界所忽視,有關他們生平事功、思想與及對中國近代化的貢獻,尚有不少值得加以介紹和探討的空間。金強師曾於二○○一年出版《書生報國:中國近代變革思想之緣起》,探討近代中國知識分子的變革思想對國家近代化的貢獻,書中即提及不少近代重要名人,包括林則徐、嚴復、黃乃裳等,即來自福建地區,此一觀察亦啟發了筆者進一步探討福建其他同時代人物在近代中國的角色和影響,也成就了此書的誕生。

本書得以出版,首先要鳴謝香港浸會大學近代史研究中心的籌劃和協助及伯特利教會的資助。香港浸會大學的周佳榮教授、林啟彥教授、麥勁生教授、鍾寶賢教授和黃文江教授,分別在不同場合和研討會上,就個別論文提供的意見,在此一併致謝。另外,香港樹仁大學歷史學系的各位師友們,感謝你們一直以來在工作上的扶持與鼓勵,讓我能在這條學術路上堅持前行。另外,也要特別鳴謝萬卷樓的呂玉姍小姐不辭勞苦地進行校對和編輯工作,促成此書的出版。

最後,筆者亦要趁此機會向我的父母致謝,在學期間他們一直不辭勞苦、悉心照顧我的起居,默默地支持我完成學業。沒有他們的付出,或許這一切都變成不可能。

二○二○年六月二十八日
於香港太古

# 目次

# 第一章
# 導言：清季福建名人與近代中國

　　近代化是中國近代歷史發展的重要課題，在清末民國期間，中國近代化相當一部分是仰賴地方官紳於各省建設新政、推行改革作為首要目標。就東南地區而言，福州作為閩省省會，書院之風盛行，加上官紳致力以經世致用思想應用於時務、推行改革，促使福州地區成為晚清建設新政過程當中較為顯著的地區之一。而福州推行近代化之成功，除了外力推動的誘因以外，亦與此地孕育大量具備經世致用思想的人才有重大關係。究其原因，實與福州的特殊地理因素所構成的地方性特徵有關。

## 福州人才培育的地方性特徵

　　人才之誕生與培育，實與其幼年學習、成長，具有密切關係。在造就人才的定義上，葛劍雄從歷史地理學的角度，分析歷史人才分布與地方因素之關係，提出了具參考性的指標。認為過去研究人才史的學者往往只以歷史人物出生的籍貫作為造就人才的條件是不足的，而應注重他們「在什麼地方接受使之成為人才的影響或教育」。[1]清季福建因著有利的歷史文化和地理條件，興學育才，促成了近代福建成為孕育重要人才的搖籃。[2]現就福建有利人才育成的客觀條件歸納如下：

---

1　葛劍雄：〈歷史人才分布研究二題〉，載氏著：《葛劍雄自選集》（桂林市：廣西師範大學出版社，1999年），頁223。

2　李金強：〈福建在國史上地位的分析〉，頁1-23、同氏著：〈興學育才——清季福州新教育發展述論（1866-1911）〉，《中國近代史學會會刊》第8期（香港：1996年12月），頁13-26。

其一，深厚的傳統學術文化根基。福建為中國近世以來歷史文化根基深厚地區。唐宋以來，福建逐漸成為中國東南地區的學術文化重心，當中又以唐代屢見閩籍進士及第者、南宋時期朱熹集閩北山區理學流派之大成等，作為閩省奠定中國東南學術重心之指標。[3] 及至明清時期，福建學術文教發展更盛，主要反映在官府廣設府州縣學、著名書院林立和科舉登第者繁多等現象。[4] 文教興盛，促成明清時期福建培育大量具有儒學傳統與經世學問的傑出人才。其中尤以省會福州最為重心，透過當地書院學風與其鄉試中心的地位，培育出濃厚的學術文化和科舉家族的出現。[5] 福州四所著名書院，鰲峰、鳳池、正誼、致用，為福建近代培養士人的重要場所，向學子傳授重視經世致用的理學思想。此一傳統直至近代福建知識分子重視西學新式教育改革之時，四大書院更響應戊戌變法和清末新政學制改革的號召，廢科舉、興新學，成為近代地方新政發軔之地。

一八九八年以後，福建更成立教育總會，推行教育改革近代化，成立多所以興辦實業教育、西方新式學制教育為主的新式學校，為地方新政作出貢獻。此一教育革新轉變之迅速，實與閩省傳統學術強調經世和重視政治興革，致使閩省士紳們能容易接受改變，引進西方技藝。故此，道咸同以來福建學人提出的經世理念，實可視為閩省學風由傳統理學走向近代新式教育的一個重要過渡。[6]

其二，有利的沿海地理優勢。鴉片戰爭以來，西方政治、經濟、文化思想等力量開始在國內產生影響，並促成沿海之近代化事業。福建作為海洋中

---

3 李金強：〈福建在國史上地位的分析〉，頁206-207；有關福建六朝至唐宋學術文化風氣之發展，可參吳修安：《福建早期發展之研究》（臺北市：稻鄉出版社，2009年），頁263-287；有關歷代福建教育之發展，可參劉海峰、莊明水：《福建教育史》（福州市：福建教育出版社，1996年），頁1-109。

4 劉海峰、莊明水：《福建教育史》，頁110-204。

5 林拓：《文化的地理過程分析》（上海市：上海書店，2004年），頁143-153。

6 Susan Wilson Barnett, "Foochow's Academies: Public Ordering and Expanding Education in the Late Nineteenth Century," in *Bulletin of the Institute of Modern History,* Vol. 16 (June, 1987), pp. 535-537.

國之模範省，自唐宋以來，已成為中外經貿文化接觸的重要地區。[7]南京條約其中兩個通商口岸——福州、廈門，即屬福建境內，憑藉地利優勢，福建成為中國與外部接觸的重要交匯，較之其他內陸及沿海省分，西教西商率先於福建設立新式教育、醫療、出版及工業等近代化設施，從而刺激傳統知識分子思想的變革。[8]

柯保安（Paul Cohen）於上世紀七十年代，在其《在傳統與現代性之間：王韜與晚清改革》一書即提出「條約口岸知識分子」的概念，藉以說明近代中國居於通商口岸的知識分子如何從傳統與現代兩種不同思潮交匯下，形成變革思想。而沿海、沿江省分知識分子所產生的獨特「沿海文化」，對近代中國起著「開導」作用。[9]王奇生於上世紀九十年代亦撰寫〈中國近代人物的地理分布〉一文，指出近代中國具有重要代表性的人物，與他們出身沿江沿海通商口岸有著密不可分的關係。[10]而地處沿海之福建，即在此一背景下，以福州、廈門兩通商口岸為中心，逐漸湧現大批人才影響中國近代史發展。

福州傳統教育既有傳統中國的理學的元素，具有經世致用的傳統。另一方面，受西方文化傳入影響，福州地區自清季以來，知識分子的思想亦於面

---

7　李國祁：《中國現代化的區域研究：閩浙臺地區，1860-1916》（臺北市：中央研究院近代史研究所，1985年），頁105-158；並參李東華：《中國海洋發展關鍵時地個案研究》（臺北市：大安出版社，1990年）一書。

8　參熊月之、潘君祥、沈祖煒、羅蘇文：〈論東南沿海城市與中國近代化〉，《史林》第1期（上海市：1995年1期），頁9-26；關於近代福建傳教事業之建立，參Ellsworth Carlson, *The Foochow Missionaries, 1847-1880* (Cambridge: Harvard University Press, 1974), pp.47-75.

9　詳參〔美〕柯保安著，雷頤譯：《在傳統與現代性之間——王韜與晚清改革》（南京市：江蘇人民出版社，1994年），第三章，頁56-84、第四篇〈中國近代史上的沿海與內地〉，頁215-254；近人對柯保安的「條約口岸知識分子」的概念亦有專文研究和討論，可參何曉明：〈論晚清「條約口岸知識分子」〉一文，載中國社會科學院近代史研究所政治史研究室、河北師範大學歷史文化學院合編：《晚清改革與社會變遷》（下）（北京市：社會科學文獻出版社，2009年），頁875-889。

10　王奇生：〈中國近代人物的地理分布〉，《近代史研究》第2期（北京市：1996年2月），頁218-243。

對時局的應變下不斷革新，謀求改革對應時局。他們並不囿於故步自封，能在世局中思考求變，成為同光年間倡導革新的知識分子。

部分福建地方著名歷史人物，例如林則徐、沈葆楨、嚴復等人之研究，所在多有，本文不加以贅述。事實上，除了過去史家較重視之近代福建名人以外，部分閩籍知識分子在近代中國的重要性及其影響，仍深值研究。例如清末遺老陳寶琛、民國著名學人陳衍、晚清革命分子及民國著名報人林白水等，皆為福州出身之著名近代人物而較為學界所忽略者。陳寶琛和陳衍同為晚清時期的重要官紳，他們具有福州出身的共同學術背景基礎。在面對晚清謀求變革的風潮下，提出具建設性的建言，並於其仕宦生涯中加以實踐「經世致用」的精神。至於林白水，早年受福州傳統教育之薰陶，國學根柢深厚。早年於福州、杭州從事地方新政，日後與劉師培以發揚國粹為名，宣揚革命，成為辛亥革命的宣傳健將。民國初年，轉投報界，成為辛辣文鋒著稱的報界大老。

由是可見，福州傳統知識分子以其傳統知識，配以經世思想為本，在面對變化時局的同時，配以新學，謀求革新。例如陳寶琛於家鄉興辦鐵路和教育；陳衍於湖北輔佐張之洞推行新政，振興工商，成為晚清時期新政的重要中堅。又如林白水以國學為本，推動革命，皆反映出傳統與革新的雙重元素在其中。故此，本論集以此三人為對象，藉數篇關於三人思想與事功之論文，說明他們對近代中國歷史發展的影響及貢獻。

# 第二章
# 清季福建名人研究綜述

## 一　引言

　　鴉片戰爭以來，中國受外力侵擾，由是激發一群愛國知識分子產生變革圖強之自覺[1]。自廈門、福州開為通商口岸，西學東漸，閩省成為新思想傳入之重要地區，促進該地之中西文化交流[2]。有關福建省的區域研究成果，早已有研究史專文討論，然迄今為止，史學界對福建人物之研究述評著墨不多。故本文從區域研究為視角，以福建自鴉片戰爭以來對中國具有全國性影響力之人物為例，評述所見之研究成果。[3]

## 二　現存對清季福建歷史名人研究的成果概況

　　清季福建具有影響力之著名人物，為林則徐（1785-1850）、沈葆禎（1820-1879）、嚴復（1852-1921）、黃乃裳（1849-1924）、陳衍（1856-1937）、林紓（1852-1924）、林白水（1874-1926）、辜鴻銘（1857-1928）、鄭孝胥（1860-1938）、陳寶琛（1848-1935）等人，他們在全國性的影響和貢獻，早已引起學者注意和研究。現以鴉片戰爭、洋務運動、維新與革命三大時期之福建人物為例，列舉其中重要研究成果說明之。

---

1　王爾敏：〈儒家傳統與近代中西思潮之會通〉，《新亞學術集刊》第2期（1979年），頁163-178。

2　李金強：〈福建在國史上地位的分析〉，《新亞學報》第22期（2003年10月），頁201-230。

3　有關福建區域研究史方面，可參李金強：〈導論：福建區域研究述略〉，載氏著：《區域研究：清代福建史論》（香港：教育圖書公司，1996年），頁1-23。

## （一）鴉片戰爭時期──林則徐研究

　　林則徐，侯官人，字元撫、少穆、錫麟，為清季我國重要的地方大吏，歷任雲貴、湖廣、陝甘總督等職務，於鴉片戰爭中以欽差大臣辦理中英貿易和禁煙事宜，並因禁煙一事引發鴉片戰爭，林氏據守廣州，整頓海防，力抗英軍，雖告失敗，但其抗英之民族精神和變革圖強思想對以後知識分子起著重要影響，因而留名後世[4]。

　　有關林氏的學術專著研究，最早面世的是上世紀六十年代的美國學者陳啟天（Gideon Chen）的 *Lin Tse Hsu: Pioneer Promoter of the Adoption of Western Means of Maritime Defense in China*[5]和張馨保（Chang, Hsin-pao）的專著 *Commissioner Lin and the Opium War*[6]。陳著以認識和接觸西方的先導者（pioneer promoter）形容林氏對西方的認知，認為林則徐是近代中國具有先進海防思想的第一人；張著則以鴉片戰爭為主題，探討林則徐在該事件上所扮演的角色及其所起的作用。張氏一方面認同傳統外國學者的說法，認為林則徐在處理外交關係時的落後觀念是導致鴉片戰爭問題爆發的主要原因之一；但另一方面，張氏亦修正了傳統外國學界認為林則徐是一名頑固、保守的傳統官員的印象。他提出，林則徐在事件上的真正貢獻是他指出鴉片問題對中國人健康和經濟上帶來的危害。而在處理廣東的貿易問題上，林則徐已是對西方最具認識的中國官員，也是處理此問題的最佳人選，故此貿易問題最終演變為戰爭作結是無可避免的事[7]。張著的貢獻，有助於歐美史學界重

---

4　趙爾巽：《清史稿》（北京市：中華書局，1977年），第38冊，頁11489-11491；另見 Arthur Hummel,*Eminent Chinese of the Ch'ing Period, 1644-1912* (Taipei: Cheng-Wen Pub. Co., 1970), pp. 511-514.

5　Gideon Chen, *Lin Tse Hsu: Pioneer Promoter of the Adoption of Western Means of Maritime Defense in China* (New York: Paragon Book Gallery, 1961).

6　Hsin-pao Chang, *Commissioner Lin and the Opium War* (Cambridge, Mass: Harvard University Press, 1964). （中譯本：徐梅芳、蕭致治等譯：《林欽差與鴉片戰爭》〔福州市：福建人民出版社，1989年〕）。

7　Hsin-pao Chang, *Commissioner Lin and the Opium War*, pp.214-217.

新認識林則徐在鴉片戰爭的角色。然而，該書以探討鴉片戰爭為主題，對於林則徐的個人思想及事跡方面，沒有充分論述。這方面直至華人學者於六十年代的相關研究面世以後才有所補充。

一九六七年，臺灣學者林崇墉撰寫的《林則徐傳》[8]，可謂林則徐個人傳記的經典作品。作者以林則徐後人之便，利用大量家族史料、加上一手文獻作考證，詳細勾勒林則徐一生的經歷和思想。林著之貢獻在於突破張馨保和史學界對林則徐認識的視角，超越鴉片戰爭的框架，進而更深入地從林則徐的家世、仕宦經歷、對西方的認識和反應、處理鴉片戰爭的問題、晚年事業和思想等方面，進行詳細探討。該書特別強調林則徐透過幕僚和報章等，探知「夷情」，對西方形勢有深入認識和了解，是他處理外交問題上，有別於其他官員和具有眼光的重要原因，對以後學者討論林氏在華傳播西方思想有啟發作用[9]。林著可說是迄今為止撰寫林則徐個人傳記中較重要的一部。

另一部林則徐傳記，為廈門大學楊國楨的《林則徐傳》[10]，該書初稿成於一九六○年代，後經作者修改，於一九七九年付梓，可說是在中國大陸改革開放，學術風氣革新以後，對近代中國人物重新評價的其中一部傳記作品。楊著與林崇墉的《林則徐傳》內容與架構相似，皆從林則徐生平和政治活動為主軸，從而探討林則徐的個人思想和貢獻。楊著引用一手材料，包括文稿、譯稿、札記、詩文、書信、奏稿、公牘、日記等資料，然從馬克思史學角度出發，系統地對林氏一生進行研究。該書雖仍受官方意識形態所影響，將林則徐評價為「地主階級改革派的實幹家」，但對林氏致力於探求西方知識、經世思想和實踐等努力仍是給予相當肯定[11]。楊著的面世，可說是中國改革開放，學術革新以後大陸史學界對林則徐重新給予高度評價和肯定的早期代表作之一。二○一○年，楊氏就多年研究林則徐的研究心得，加上其多年搜集的中外文史料，重新撰寫了《林則徐大傳》一書。其中較值得注

---

8　林崇墉：《林則徐傳》（臺北市：臺灣商務印書館，1976年）。

9　有關林則徐對西方的認識，參林崇墉：《林則徐傳》第十七章及附錄。

10　楊國楨：《林則徐傳》（北京市：人民出版社，1981年）。

11　楊國楨：《林則徐傳》，頁464。

意的特色是作者在既有寫作手法和論述結構下，加上大量新史料的引用，並摒棄過往部分政治化的用語，對林氏的一生作出全面、中肯的評價。[12]除楊著外，另一位福建學者林慶元亦撰有《林則徐評傳》，對林氏的生平和事功進行論述。[13]

至於日人研究方面，一九六〇年代，佐佐木正哉等人就鴉片戰爭研究搜集一手資料，兼論及林則徐之地位[14]，井上裕正就鴉片政策與中英關係之問題進行研究，[15]另外，井上和堀川哲男二人分別於六十年代和九十年代先後撰寫《林則徐》傳記，是迄今為止日本學界林則徐研究的主要成果[16]。

有關林則徐研究的論文題目種類繁多，礙於篇幅所限，未能一一論述，現存有關研究，主要題材包括政治思想[17]、軍事與海防[18]、林氏對西方的認識[19]、處理中英外交與貿易問題[20]等為主。有關林則徐研究的研討會，其中

---

12 楊國楨：《林則徐大傳》（北京市：中國人民大學出版社，2010年）。

13 林慶元：《林則徐評傳》（鄭州市：河南教育出版社，1990年）。

14 佐佐木正哉編：《鴉片戰爭の研究》（東京：近代中國研究會，1964年）。

15 井上裕正：《清代アヘン政策史の研究》（京都：京都大學學術委員會，2004年）。

16 井上裕正：《林則徐》（東京：白帝社，1994年）、堀川哲男：《林則徐》（東京：人物往來社，1966年）。

17 史全生：〈論林則徐的貨幣思想〉，《福建論壇（人文社會科學版）》第9期（福州市：2007年3月），頁55-59；許維勤：〈鰲峰書院的學術傳統及其對林則徐的滋養〉，《清史研究》第3期（北京市：2007年8月），頁55-63。

18 詳參李金強：〈林則徐與海防建設──以虎門要塞為個案之考查〉，載氏著：《書生報國──中國近代變革思想之源起》（福州市：福建教育出版社，2001年），頁9-26；劉炳元：〈淺論林則徐的廣東防務〉，福建省社會科學院歷史研究所編：《林則徐與鴉片戰爭研究論文集》（福州市：福建人民出版社，1985年）；張一文、施渡橋：〈試論林則徐的軍事思想〉，載福建省社會科學聯合會編：《林則徐研究論文集》（福州市：福建教育出版社，1992年），頁95-97。

19 楊國楨：〈林則徐對西方知識的探求〉，載氏著：《林則徐論考》（福州市：福建人民出版社，1989年），頁23-35；林永俣：〈論林則徐的迻譯工作〉，《林則徐與鴉片戰爭論文集》，頁118-137；李志剛：〈林則徐禁煙與澳門基督教士關係之探討〉，《中華文化復興月刊》第23卷第7、8期（臺北市：1990年7、8月），頁13-17、35-38；鄭劍順：〈林則徐對夷情的探訪與認識〉，《河南師範大學學報（社會科學版）》第33卷第2期（新鄉市：2006年3月），頁146-150。

較具代表性為一九八五年福建省社會科學院歷史研究所編：《林則徐與鴉片戰爭研究論文集》、一九九二年福建省社會科學聯合會編：《林則徐研究論文集》和一九九八年香港歷史博物館，林則徐基金會和中國史學會合編：《林則徐、鴉片戰爭與香港國際關係研討會論文集》等，反映學界對林則徐研究之重視[21]。

　　最後值得一提的是，林則徐的歷史地位和評價問題。過去基於林氏反對帝國主義的表現及其尋求自強的事功，為他贏得史學界的極高評價。[22]但茅海建的《天朝的崩潰》一書，便反對這個主流看法。該書透過跳出傳統框架和政治色彩為特色，重新審視鴉片戰爭的種種問題，其中茅氏對過往學者給予林則徐有較高評價的說法提出異議，作者透過重新評估林則徐對西方的認識程度和處理外交事件的手法為例，斷定林氏並沒有史學界以往所說對西方事物有高度洞察力，從而認為過往史家高估了林氏在近代史上之地位及貢獻。茅氏引用蔣廷黻的觀點，認為林則徐「有著可貴且有限的眼光看世界的事實，但還不能推導出他有著改革中國的思想」，故此茅氏認為，林則徐在中國近代史的貢獻僅在「抗夷」而非「知夷或師夷」[23]。此論說引發另一學者羅志田的批評和反駁。羅氏雖然認同茅氏的考證功力，但對他重新審視的

20 郭廷以：〈中英鴉片問題與林則徐的措置〉，載氏著：《近代中國的變局》（臺北市：聯經出版事業公司，1987年），頁155-168；〔日〕田中正美：〈林則徐的抗英政策及其思想〉，載〔日〕田中正俊等著、武漢大學歷史系鴉片戰爭研究組編：《外國學者論鴉片戰爭與林則徐》（福州市：福建人民出版社，1989年），頁240-245；楊國楨：〈禁煙中的粵海關與沿海貿易──英國收藏的豫堃致林則徐咨文考釋〉，《中國社會經濟史研究》第4期（北京市：2007年12月），頁53-58。

21 福建省社會科學院歷史研究所編：《林則徐與鴉片戰爭研究論文集》、福建省社會科學聯合會編，《林則徐研究論文集》、臨時市政局香港歷史博物館、林則徐基金會、中國史學會合編：《林則徐、鴉片戰爭與香港國際關係研討會論文集》（香港：編者，1998年）。

22 有關林則徐歷史地位及評價，參戴學稷：〈林則徐〉，載氏主編：《鴉片戰爭人物傳》（福州市：福建教育出版社，1985年），頁1；陳勝粦：〈論林則徐的歷史地位〉，載氏著：《林則徐與鴉片戰爭論稿》（廣州市：中山大學出版社，1990年），頁9-27。

23 茅海建：《天朝的崩潰》（北京市：生活·讀書·新知三聯書店，2005），頁563-564。

新觀點並不同意,認為這種以後人眼光將近代化的任務強加於林則徐身上的看法,是一種「現代詮釋」,對其評價並不公允[24]。該爭論迄今為止似乎仍未定論,由此可見,有關林則徐的個人評價和歷史地位等問題,仍有探討空間,值得進一步討論。

## (二)洋務運動時期──沈葆楨研究

沈葆楨,侯官人,字翰宇、幼丹,為清季洋務運動同治中興的主要官員之一,歷任江西巡撫、船政總理大臣、兩江總督兼南洋大臣等重要職位[25]。沈氏為林則徐女婿,受林氏的經世思想影響,提出多項洋務改革理念,故被史家稱譽為洋務三傑之一,沈氏於擔任船政大臣和南洋大臣任內,對閩省的海防和臺灣的開發建設尤其關注,其對於中國近代的海防建設和思想的影響、對臺灣的近代化和內地化建設皆有著不可或缺的貢獻,早已為史家所注視[26]。

有關沈葆楨研究的專著,最早可見臺灣學者林崇墉氏《沈葆楨與福州船政》一書[27]。全書共分前後二編,前編以沈氏早年家世與事業為題,對其家世、經世思想之形成和林則徐對沈氏思想的影響、平定太平軍之亂、擔任御史時期等進行論述;後編則以沈葆楨擔任船政大臣和南洋大臣時期的建設經過及其問題進行論述和評價。林著的貢獻,誠如該書序言中劉廣京教授所言,為史學界解答了沈葆楨在洋務運動時期,以至中國近代史上的地位和貢獻給予詳細的說明。一如其前著(《林則徐傳》),林崇墉大量引用沈氏書信、奏稿等材料,配合海防檔為其主要參考資料,寫成一部討論福州船政的

---

24 其中對茅說提出批評和異議的文章,參羅志田:〈「天朝」怎樣開始「崩潰」──鴉片戰爭的現代詮釋〉,《近代史研究》第3期(北京市:1999年03期),頁9-24。羅氏提出茅氏為林則徐訂下了必須近代化的目標是一種不合理的預設。

25 趙爾巽:《清史稿》(北京市:中華書局,1977年),第38冊;另見Arthur Hummel, *Eminent Chinese of the Ch'ing Period, 1644-1912* (Taipei: Cheng-Wen Pub. Co., 1970), pp. 642-644。

26 有關沈氏對臺灣近代化之貢獻,參郭廷以:〈甲午戰前的臺灣經營──沈葆楨、丁日昌與劉銘傳〉,載氏著:《近代中國的變局》,頁299-328。

27 林崇墉:《沈葆楨與福州船政》(臺北市:聯經出版事業公司,1987年)。

鉅著，其造詣「已極精到，堪稱定論」[28]。可惜的是作者在著書期間因病辭世，未能就沈氏晚年建設臺灣事業等問題進一步討論，因而未能寫成一部完整傳記。其後林慶元、龐百騰（David Pong）相繼撰寫中英文的沈葆楨傳記，補充了這方面的缺憾。

　　林慶元等編的《沈葆楨傳》為中國大陸方面最早專門討論沈葆楨的研究論著。全書以「通俗傳記」（作者言）為架構，對沈氏的生平和對中國近代史的貢獻給予適當的評價，作者撰寫時已注意到中外學者如林崇墉、龐百騰等人對沈葆楨的學術研究，成為作者後來進一步撰寫學術專著的基礎[29]。林慶元於一九八五年出版（1999年修訂本）的《福州船政局史稿》[30]和二〇〇二年出版的《沈葆楨：理學德治、洋務自強》一書，可謂林慶元對沈氏研究的代表作，二書分別從福州船政局和洋務改革兩個不同角度，探討沈葆楨在中國近代史上的地位，前著在林崇墉和龐百騰的研究基礎下作出進一步突破，詳細對船政局的運作情況、人事問題和衰落原因等有詳細討論，亦對船政局的出洋留學生和船政局建造軍艦資料作詳細考證，足見作者在此問題上的研究深度和功力。最後在個人評價上，作者認為沈氏創辦福州船政局的貢獻不單為中國籌辦了新式海軍和海軍學堂，更為國舉才，孕育了海軍「閩派」，成為福建人才為中國近代化作出的重要貢獻。另一部著作，作者從沈葆楨的個人經歷和思想作一全面、系統分析，說明沈葆楨的理學經世思想，從而在洋務建設上具有長遠的目標和眼光[31]。另外，沈傳經於一九八七年亦曾撰有《福州船政局》一書，內容主要介紹船政局的起源、籌辦經過、出洋留學生和停辦原因等問題探討[32]。

　　在外國研究方面，一九九四年，美國學者龐百騰在其博士論文及福州船

---

28 劉廣京：〈序〉，收入林崇墉：《沈葆楨與福州船政》，頁1-4。

29 林慶元、羅肇前：《沈葆楨傳》（福州市：福州教育出版社，1992年）。

30 林慶元：《福州船政局史稿》（福州市：福建人民出版社，1999年）。

31 林慶元：《沈葆楨：理學德治、洋務自強》（北京市：中國文聯出版社，2000年）。

32 沈傳經：《福州船政局》（成都市：四川大學出版社，1987年）。

政局和中國近代化等論文的基礎上[33]，進一步深化而成的 *Shen Pao-chen and China's Modernization in the Nineteenth Century*，亦是另一部不可忽略的沈葆楨研究專著[34]。

龐氏跳出傳統學者研究沈氏與福州船政局的框架，透過詳細研究沈葆楨的一生，從其思想和事功考察，全書共分十一章，第一至四章以早年經歷、擔任江西地方官和巡撫及和外人接觸等經歷為內容，指出與沈氏洋務自強思想形成之關係，如處理反教運動之手法、與外籍洋務顧問合作之關係等，促使沈氏萌生建立自主軍事工業之想法，並付諸實踐；第五至十章，為後半部分，討論沈氏就任船政總理大臣和南洋大臣時期的近代化軍事工業建設及其成就，當中論及沈氏經營船政局時面臨的各種問題，包括政治、人事、培訓問題、財政經費、成效問題等。最後，書中就沈氏晚年對臺灣的開發進行簡單論述。

龐著高度評價沈葆楨對中國近代化的貢獻，認為他是「中國走向近代化的真正推動者」。沈氏的學問知識，一方面植根於傳統儒家思想，但另一方面，他亦不囿於傳統，提出當時人視為激進的思想進行改革。雖然沈葆楨在船政局的經營上仍有不少未盡人意的地方（例如沈氏無派遣高級人員出外考察，同一時期日本已有此例），但仍不失其作為洋務運動時期具重要革新思想和實踐變革的主要官員。龐著的面世，既為西方史學界詳細論述沈葆楨的

---

33 龐氏在撰寫沈葆楨傳前，已就沈葆楨、福州船政局與自強運動等問題進行研究，詳參 David Pong, Modernization and Politics in China as Seen in the Career of Shen Pao-chen (1820-79), Ph. D Dissertation, University of London, 1969; David Pong, 'Western Technicians and Technical Aid in China's Early Developmental Experience: The Foochow Navy Yard, 1866-75', *Far Eastern History*, Vol. 20 (Sept. 1979); 'Keeping the Foochow Navy Yard Afloat: Government Finance and China's Early Modern Defence Industry,' *Modern Asian Studies*, Vol. 21, No.1 (1987), pp. 121-152.

34 David Pong, *Shen Pao-chen and China's Modernization in the Nineteenth Century* (Cambridge: Cambridge University Press, 1994). 另見其中譯本，龐百騰（David Pong）著，陳俱譯：《沈葆楨評傳：中國近代化的嘗試》（上海市：上海古籍出版社，2000年）。

生平和貢獻，亦為研究中國近代化和洋務運動等課題上，提供有說服力且具深度的研究成果[35]。

## （三）維新與革命時期──嚴復研究

嚴復，字幾道，侯官人，為中國近代重要政治思想家、翻譯家和教育家。早年於福州船政學堂學習，並赴英留學。回國後曾任北洋水師總教習、俄文館總辦等官職。後來棄官從文，創辦《國聞報》，及後更翻譯多部西方政治學重要著作，包括《天演論》、《原富》、《社會通詮》、《群己權界論》等書，對中國近代政治思想起著重要影響。晚年嚴復擔任北京大學校長和涉足政界，其反對新文化運動和保守政治思想為部分學者所批評。

嚴復為我國政治思想史中舉足輕重的人物，故其相關研究成果亦特別豐富。本文試略舉其中重要專著和研討會論文為對象，說明其研究概況。

有關人物傳記方面，最早就嚴復生平及其思想作出研究者為一九三六年周振甫撰《嚴復思想述評》一書[36]。周氏從革命史觀出發，以嚴復一生的思想演變為主軸：全盤西化時期、中西折衷時期、反本復古時期作為嚴復思想的三大轉折期，探討嚴氏思想由「西化走向傳統」、「進步走向保守」的歷程。《嚴復思想述評》是中國早期嚴復研究較具系統性論述的專著，周氏在書中詳述嚴復早年接受西化而晚年走向傳統的過程，從而得出嚴氏在政治、教育、文化上都屬於保守派的結論。另一部較早面世的作品是一九五七年王栻著《嚴復傳》，該書從馬克思主義入手，以進步與保守的二分法角度，探討嚴復一生的政治思想和事業，從而得出與周振甫相同的結論，即嚴復思想早年進步，晚年成為「一個抗拒改革的頑固老人」。周、王二著分別成為國人研究嚴復具有影響力的著述，而嚴復晚年走向保守、抗拒改革的既定形象

---

35　Philip Richardson, 'Review: David Pong, *Shen Pao-chen and China's Modernization in the Nineteenth Century*,' *The Economic History Review*, New Series, 48:1, (Feb,1995), pp.205-206.

36　周振甫：《嚴復思想述評》（臺北市：中華書局，1964年）。

亦因周、王二著的論調而定型[37]。

外國研究方面，早期的嚴復研究以美國學者史華茲（Benjamin Schwartz）的 *In Search of Wealth and Power: Yen Fu and the West* 最具代表[38]。史華茲與周、王二著的革命史觀或馬克思史觀不同，他從分析嚴復的翻譯作品出發，探討嚴復對西方政治思想吸收和理解的過程。史氏認為，嚴復在翻譯和理解西方思想時，往往以「追求富強」為首要前提，加上嚴氏受中國傳統儒家思想的根基所影響，故其譯作的思想往往出現與翻譯原著精神面貌不盡相同之處，從中反映出嚴氏本人對西方自由主義思想的己見，例如《群己權界論》當中的國家和社會的權益優先，個人權益次之的論點。史著的追求富強論點，對後來的研究者帶來重要影響，他們莫不對史氏的論點加以沿襲、修正或反駁[39]，成為早期西方史學界研究嚴復的經典論述。

自上世紀八十年代開始，兩岸就嚴復研究進行反思和重估的風氣湧現，當中尤以中國大陸研究成果最為顯著。首先，在研討會方面，大型的國際研討會分別有一九九三年的「嚴復國際學術研討會」[40]、一九九七年的「嚴復與中國近代化學術研討會」[41]、一九九八年的「嚴復研討會」[42]、二〇〇三年的「中國近代啟蒙思想家：嚴復誕辰150週年紀念研討會」[43]等，會上中外

---

37 有關早年關於嚴復研究的發展概況，詳參蘇中立：〈百年來嚴復研究的發展概述〉，載黃瑞霖主編：《中國近代啟蒙思想家：嚴復誕辰150週年紀念論文集》（北京市：方志出版社，2003年），頁433-447。

38 Benjamin Schwartz, *In Search of Wealth and Power: Yen Fu and the West* (Cambridge, Mass.: Harvard University Press, 1964).

39 不少研究中國思想史或嚴復研究的論者，皆曾引用史華茲的觀點並回應其說法，當中以黃克武對史氏學說的反駁最為注目。

40 福建省嚴復研究會編：《1993年嚴復國際學術研討會論文集》（福州市：海峽文藝出版社，1995年）。

41 鄭重、羅耀九編：《嚴復與中國近代化學術研討會論文集》（福州市：海峽文藝出版社，1998年）。

42 劉桂生、林啟彥、王憲明編：《嚴復思想新論》（北京市：清華大學出版社，1999年）。

43 黃瑞霖主編：《中國近代啟蒙思想家：嚴復誕辰150週年紀念論文集》（福州市：方志出版社，2003年）。

學者就嚴復一生和思想演變進行重新評價，並開拓更多新的研究方向，包括探討嚴復與中國近代化的問題、軍事思想、教育思想、交誼、翻譯理論和貢獻、政治思想、中西文化的認識和觀念等，為以後嚴復研究開闢更多途徑。

在研究專著方面，從八十年代開始，多名學者打破周振甫、王栻和史華茲的論述框架，對嚴復生平和思想進行重新評價。例如楊正典[44]、皮后鋒[45]等傳記的出現便是一例，其中皮后鋒二〇〇六年出版的《嚴復評傳》即對周振甫氏的早年進步、晚年復古的評價和史華茲的尋求富強說提出反駁，認為嚴復一生的思想理路受其深厚的國學基礎影響，恪守中庸之道，早期學者研究無疑是未能真切理解嚴復行動和思想的本真性，導致有嚴復早年進步，晚年保守的誤解[46]。

除個人傳記外，有關嚴復研究的專著主題亦趨向多元化，例如馬勇[47]、張志建[48]、董小燕[49]等研究嚴復的學術思想，包括嚴氏對中西傳統文化的吸收、思想轉變的歷程再探討、對政治、經濟、教育、哲學等思想的研究等。其中馬勇利用參與編輯《嚴復集》之便，搜集大量珍貴的嚴復一手史料，包括書信、日記、譯著等，大大補充了前人就嚴復傳記和思想史研究在史料上的不足，尤值參考。在嚴復與翻譯研究方面，俞政對嚴譯著作包括《原富》、《群己權界論》、《社會通詮》等作品與嚴氏政治思想之關係進行研究[50]；韓江洪對嚴復翻譯的話語系統和近代中國文化的影響進行探討，包括翻譯理論、譯文風格、嚴氏有意識和無意識的誤讀原著等[51]；沈蘇儒對嚴復的信、

44 楊正典：《嚴復評傳》（北京市：團結出版社，1997年）。

45 皮后鋒：《嚴復大傳》（福州市：福建人民出版社，2003年）、皮后鋒：《嚴復評傳》（南京市：南京大學出版社，2006年）。

46 詳參該書導言，皮后鋒：《嚴復評傳》，頁1-9。

47 馬勇：《嚴復學術思想評傳》（北京市：北京圖書館出版社，2001年）。

48 張志建：《嚴復思想研究》（桂林市：廣西師範大學出版社，1989年）、張志建，《嚴復學術思想研究》（北京市：商務印書館，1995年）。

49 董小燕：《嚴復思想研究》（杭州市：浙江大學出版社，2006年）。

50 俞政：《嚴復著譯研究》（蘇州市：蘇州大學出版社，2003年）。

51 韓江洪：《嚴復話語系統與近代中國文化轉型》（上海市：上海譯文出版社，2006年）。

雅、達翻譯理論進行研究等[52]。

　　最後值得一提的是，臺灣學者黃克武的嚴復研究專著《自由的所以然：嚴復對約翰・彌爾自由主義思想的認識與批判》，該書針對史華茲的追求富強說進行修正和反駁[53]。黃氏從文本分析著手，重新審視嚴譯著作和原著之區別，從而分析嚴復對政治思想的理解和想法。他反駁了史氏提出嚴復的思想是群大於己的說法，認為在嚴復思想當中，社會與個人的權益是對等關係。另外，黃氏提出嚴復的改革思想源頭屬於約翰・彌爾的自由主義，彌爾式的改革思想與盧梭式的革命思想成為近代中國知識分子所選擇的兩條道路，最終中國選擇了後者。故此，嚴復提出的自由主義最終沒有成為中國思想的主流。而黃氏新近的著作《惟適之安：嚴復與近代中國的文化轉型》進一步從嚴復的婚姻關係與兩性思想、北洋仕途、漢譯新語戰爭、靈魂與科學問題的認知等角度，探討嚴氏個人思想形成及底蘊，進而將嚴氏定位為近代中國「轉型時期」知識分子的調適思想代表人物，揉合了中西學兩者的傳統與變革思想於其中。[54]

　　由以上眾多成果所見，嚴復研究仍然成為中國近代人物、思想史研究中最重要的其中一個範疇。

## （四）海外華僑──黃乃裳研究

　　閩省素以僑鄉著稱，不少海外歸僑熱心鄉梓建設，對閩省之改革作出重要貢獻。其中以黃乃裳尤具代表性。

　　黃乃裳，字紱丞，福州閩清縣人，近代著名政治家、華僑領袖。黃氏早年曾參與公車上書與百日維新活動，為閩省參與維新運動的主要人物之一。

---

52 沈蘇儒：《論信、雅、達──嚴復翻譯理論研究》（北京市：商務印書館，1998年）。

53 有關黃克武對嚴復譯著和自由主義的討論，參氏著，《自由的所以然：嚴復對約翰彌・爾自由主義思想的認識與批判》（臺北市：允晨文化實業公司，1998年）。

54 黃克武：《惟適之安：嚴復與近代中國的文化轉型》（臺北市：聯經出版事業公司，2010年）。

維新失敗後，黃氏移民新加坡，創辦《星報》。一九〇〇年，推動過千閩人
移墾砂勝越，為近代華僑移民史上之壯舉[55]。晚年黃氏積極參與同盟會革命
活動，民國建立後，又致力推動福建地方教育和水利建設等。種種貢獻，使
黃氏成為福建及南洋具有重大影響的歷史名人。

　　在研究專著方面，最先研究的是新加坡學者劉子政在一九七九年與一九
九一年出版的《黃乃裳與新福州》和《黃乃裳與詩巫》二書[56]。劉氏僑居新
馬，早年研究砂撈越史事為主，對黃乃裳開發新馬（包括新福州、詩巫）等
地和福州人移墾婆羅洲事跡尤感興趣，由是促使作者撰寫黃乃裳與南洋閩籍
移民之關係專著。二著詳細列舉兩地開發狀況，並對該地主人黃乃裳生平進
行考述，書中更載有不少黃氏和新福州、詩巫等開發地的相關照片，保留大
量一手史料。劉著為黃氏在南洋的事跡和貢獻奠下開創性的基礎。然而劉著
只關注黃氏與南洋的關係，對其生平只作簡略論述。這方面直至詹冠群的
《黃乃裳傳》面世後始有補遺。

　　詹氏的《黃乃裳傳》[57]成書於一九九二年，為迄今最為翔實的黃乃裳研
究傳記。該書對黃氏的生平與事功進行詳細討論，較系統地、全面地研究黃
乃裳的生平事跡，包括成長與家世、維新時期、新福州與詩巫移墾時期、革
命時期和晚年在福州的建設等。另一方面，詹著亦在史料上突破了過去研究
者以黃乃裳自撰《紱丞七十自敘》為主要參考史料的限制，運用大量其他一
手史料，包括搜集遺文、訪問黃氏遺族的口述歷史等。除此以外，詹氏亦對
黃乃裳部分史事如黃氏曾參與公車上書、與孫中山的關係等進行考訂。詹著
可謂大大補充了劉子政二著對黃乃裳生平研究和史料運用上的不足，但作者
在黃氏的早年和晚年生平上，還有部分黃乃裳以不同筆名刊載在報刊的身

---

55 李長傳：《中國殖民史》（上海市：商務印書館，1937年），頁337。

56 劉子政編著：《黃乃裳與新福州》（新加坡：南洋學會，1979年）、《黃乃裳與詩巫》（北
　京市：中國華僑，1991年）。

57 詹冠群：《黃乃裳傳》（福州市：福建人民出版社，1992年）。

分，還未有充分掌握[58]。另外，許步書亦討論黃氏的生平[59]和葉鍾玲研究黃氏在新福州和新馬地區與南洋華人的關係和事跡，包括移民開發和成效等[60]。

除論著以外，亦有不少與黃乃裳相關的著作和論文，最早提出黃氏之歷史地位者，乃馮自由《革命逸史》一書[61]，其後，顏清湟、李金強、梁元生[62]、桑兵[63]、程光裕[64]、馮祥[65]等人討論黃乃裳與辛亥革命之關係。馮自由在其《革命逸史》一書中最先提出黃乃裳在新福州之建設與革命事業之關係。顏清湟從新馬華人群體參與民族主義運動的角度，探討黃乃裳的貢獻[66]。李金強從「愛國基督徒」角度，討論黃氏的信仰觀和愛國思想，並由此探討黃氏由改革轉向革命的思想源起之關係[67]。李氏亦透過對《日新報》研究考

---

58 有關詹著的評論，參林增平、劉子政：〈序（一）〉、〈序（二）〉，詹冠群：《黃乃裳傳》，頁I-VII；另參書評，李金強：〈評詹冠群：《黃乃裳傳》〉，《人文中國學報》第1期（1995年4月），頁257-264。

59 許步書：《黃乃裳的故事》（福州市：海峽文藝出版社，1996年）。

60 葉鍾玲：《黃乃裳與南洋華人》（新加坡：新加坡亞洲研究學會，1995年）（英譯本：Yeap Chong Leng, *Wong Nai Siong and the Nanyang Chinese: An Anthology* [Singapore: Singapore of Asian Studies, 2001]。

61 馮自由：〈新福州建設人黃乃裳〉，《革命逸史》（臺北市：臺灣商務印書館，1969年），頁171。

62 梁元生：〈宗教與革命：新加坡華人基督徒對革命運動之反應〉，辛亥革命與南洋華人研討會編輯委員會編：《辛亥革命與南洋華人研討會論文集》（臺北市：國立政治大學國際關係研究中心，1986年），頁200-203。

63 桑兵：《庚子勤王與晚清政局》（北京市：北京大學出版社，2004年）一書的第七章〈新加坡華僑〉亦有討論黃乃裳等華僑在推動保皇和革命運動的角色，頁238-260。

64 程光裕：〈黃乃裳的革命志業〉，《孫中山與近代中國學術討論集》（臺北市：1985年），第2冊，頁104-119。

65 馮祥：〈黃乃裳及愛國思想發展初探〉，載蔡仁龍等編：《華僑歷史論叢》（福州市：福建華僑史學會，1984年），第1輯，頁239-246。

66 Yen Ching Hwang, *The Overseas Chinese and the 1911 Revolution* (Kuala Lumpur: Oxford University Press, 1976), pp.40, 63-64.

67 李金強：〈清季愛國基督徒黃乃裳之研究〉，載中央研究院近代史研究所編，《近代中國歷史人物論文集》（臺北市：中央研究院近代史研究所，1993年），頁813-832；李金強：〈基督教改革者：黃乃裳與清季改革運動〉載氏著：《書生報國──中國近代變革思

證，得知該報刊文之「梅湖半農者」實為黃乃裳之筆名[68]。另外，美國學者唐日安（Ryan Dunch）亦就福州新教基督徒為研究對象，討論此群體對近代中國構成的貢獻，當中唐氏亦以黃氏為當中重要案例作詳細討論[69]。

除此以外，福州市華僑歷史學會亦曾於一九九一年召開「黃乃裳學術研討會」並出版論文集，可見黃氏之生平事跡已受到福建區域史學者的重視[70]。

## （五）同光詩人──陳衍研究

陳衍，字叔伊，號石遺，侯官人，光緒八年（1882）舉人，曾入劉銘傳幕，後經引薦入張之洞幕，被委為《商務報》編輯，晚清創立學部，任主事，兼禮學館，並任教於京師大學堂。民國後，任教於廈門大學、無錫國學專修學校等。陳氏文學造詣深厚，著作等身，早已聞名於當世，其文集《石遺室詩話》曾連載於《東方雜誌》，為近代詩體同光派的主要人物。其作品尤以編集當代詩人作品和文學研究而聞名詩壇，有《近代詩鈔》、《金詩紀事》、《元詩紀事》、《石遺室詩集》、《石遺室文集》、《石遺室詩話》、民國版《福建通志》等傳世[71]。

現時有關陳衍的論文和相關研究，主要集中於文學方面[72]。早年研究以日人鈴木虎雄（1878-1963）之《支那文學研究》一書最為著名，有專章討

---

想之源起》，頁80-102；李金強：〈從祖國到南洋：清季美以美會黃乃裳革命思想之源起（1899-1904）〉，載氏著：《聖道東來：近代中國基督教史之研究》（臺北市：宇宙光，2006年），頁119-148。

68　李金強：〈評詹冠群：《黃乃裳傳》〉，《人文中國學報》第1期（1995），頁257-264。

69　詳參Ryan Dunch, *Fuzhou Protestants and the Making of a Modern China 1857-1927* (New Haven: Yale University Press, 2001), pp. 103-104, 118-119.

70　詳參福州市華僑歷史學會，《黃乃裳學術研討會論文集》（福州市：福州市華僑歷史學會，1992年）。

71　有關其生平參陳聲暨等，《侯官陳石遺先生年譜》（臺北縣永和鎮：文海出版社，1968年）。

72　有關陳衍研究概況，參林薇，〈20世紀以來陳衍研究述評〉，《學海》（南京市：2007年05期），頁176-183。

論陳衍對近代詩體之研究及貢獻[73]。近代文學學者汪辟疆曾對近代詩進行研究，表揚陳衍對中國近代詩的貢獻[74]；亦有學者研究陳衍在詩壇的地位[75]、與同光體「閩派」詩人的交誼[76]及陳衍和錢鍾書晚年的交往[77]。

在專著方面，以周薇的《傳統詩學的轉型：陳衍人文主義詩學》最為詳盡。該書從文學史角度出發，研究陳衍對近代中國詩壇之貢獻。作者透過研究陳氏的詩學理論、詩史觀（如「以詩存史」）等，論證陳衍為代表的同光派詩人，其詩作和詩論實反映近代詩學對文化和社會危機之關懷，修正了過去傳統學者視同光體詩人為文化保守、政治消極的觀念。另外，作者亦於首章對陳衍生平有所概述，為史學界研究陳氏生平方面補遺。

從上所見，陳衍研究方面仍集中於文學史的角度，對其生平研究，仍有所不足，現存相關著作亦只有臺灣學者陳槻《詩人陳衍傳略》[78]一書，對陳衍生平及其文學貢獻作簡單敘述，撰寫其生平之論文亦見稀少[79]，值得史家進一步研究。

---

73 鈴木虎雄氏認為陳衍的作品與晚唐及宋詩相類近，故將之譽為近代詩壇江西派的代表，參鈴木虎雄：〈陳石遺の詩說〉，氏著：《支那文學研究》（東京：弘文堂，1967年），頁304-320。

74 汪辟疆：〈近代詩壇與地域〉，載氏著《汪辟疆說近代詩》（上海市：上海古籍出版社，2001年），頁24-29；有關汪辟疆對陳衍的評論，另參張宏生：〈汪辟疆的詩史觀念及其近代詩說〉，《江西社會科學》第1期（南昌市：2004年），頁205-212。

75 錢仲聯、嚴明：〈袁枚和陳衍——論詩壇盟主對清詩的積極影響〉，《江海學刊》第1期（南京市：1995年），頁155-160。

76 林東源：〈陳衍《石遺室詩話》論同光體〉，《閩江學院學報》（社會科學版），27：4（福州市：2006年8月），頁1-7；楊萌芽：〈都下雅集：陳衍等宋詩派成員清末在京師的文學活動〉，《中州學刊》總第165期（鄭州市：2008年5月），頁179-181；黃乃光：〈菽莊吟社與「同光體」閩派的關係〉，《復旦學報（社會科學版）》第4期（上海市：2009年），頁31-37；楊萌芽：〈張之洞幕府與清末民初的宋詩活動〉，《齊魯學刊》總第197期（曲阜：2007年），頁85-88。

77 劉建萍：〈論陳衍對錢鍾書的影響〉，《貴州社會科學》總第206期（貴陽市：2007年2月），頁88-92。

78 陳槻：《詩人陳衍傳略》（臺北市：林森縣文教基金會，1999年）。

79 洪峻峰：〈文學家陳衍〉，《廈門大學學報》第4期（廈門市：2002年月），頁1。

## （六）翻譯小說家──林紓研究

　　林紓，字琴南，號畏廬，閩縣人，為近代著名古文家、翻譯家。由於其崇尚古文，反對新文化運動及胡適等人提倡之白話文運動，由是被後世視為該運動的文化保守主義代表人物。林著譯作甚豐，作品達一百七十部，其中不少作品如《巴黎茶花女遺事》、《離恨天》等對中國翻譯文學和文學風格起著重大影響。

　　最早面世的林紓傳記為一九三五年寒光撰寫的《林琴南》一書。內容包括生平、思想、文學界的論評、翻譯、林譯文學價值與功績等，寒光肯定林紓在中國文學史上的貢獻，在結論中譽之為舊文學的終結者、新文學的創始者，並肯定他在文化和思想革新的貢獻。[80]陳衍、鄭振鐸、錢鍾書等亦曾撰文介紹林紓翻譯作品及其貢獻[81]。

　　近人專著研究方面，張俊才[82]、朱碧森[83]、曾憲輝[84]、王暘[85]、馮奇等人曾撰寫有關林紓的傳記，其中張俊才《林紓評傳》對林氏的研究較詳盡，史料運用亦較廣泛，書中詳述林氏家世、仕宦生涯、文壇事跡、翻譯文學及貢獻、遺老生涯等幾部分，為近年林紓傳記中較佳的一部。林薇就林紓研究撰寫相關研究述評專書。[86]另外，韓洪舉亦曾對林氏翻譯小說進行研究，內容包括其翻譯思想、藝術、特色等[87]。

---

80 寒光：《林琴南》（上海市：中華書局，1935年）。
81 陳衍：〈林紓傳〉，《國學專刊》第1卷第3、4期；鄭振鐸，〈林琴南先生〉，《小說月報》第15卷11號，轉載自錢鍾書等著，《林紓的翻譯》（北京市：商務印書館，1981年），頁1-17；錢鍾書，〈林紓的翻譯〉，轉載自錢鍾書等著，《林紓的翻譯》，頁18-52。
82 張俊才：《林紓評傳》（天津市：南開大學出版社，1992年）。
83 朱碧森：《林琴南傳》（北京市：中國文聯出版社，1989年）。
84 曾憲輝：《林紓》（福州市：福建教育出版社，1993年）。
85 王暘：《簾卷西風：林琴南別傳》（北京市：華夏出版社，1999年）。
86 林薇：《林紓研究綜述》（天津市：天津教育出版社，1990年）。
87 韓洪舉：《林譯小說研究》（北京市：中國社會科學出版社，2007年）。

## （七）近代報人——林白水研究

　　林白水，原名林獬，侯官縣人，別名萬里，筆名白水，為中國近代著名政治家、革命家和報人。林氏早年曾參與福建和江浙一帶維新活動，倡議新式學堂建設，曾任求是書院總教習。其後投身革命，與蔡元培等人共同創辦中國教育會，又與劉師培共主《俄事警聞》、《警鐘日報》等。辛亥革命前後，林氏政治立場轉趨保守，曾加入袁政府任總統府秘書等職位，晚年以辦報為主，創辦《公言報》、《社會日報》等，其言論立場雖親北洋政府，但對民族立場、社會民生等時弊仍多所針砭，尤以辛辣文鋒著稱，後因撰文得罪軍閥張宗昌而被殺，享年五十二歲。

　　迄今為止，現存有關林白水研究的學術專論、論文所在不多，這與林氏一生的政治取態較複雜有關。林氏早年興辦教育、從事革命，後來與劉師培共同投靠清室，更支持袁世凱鼓吹帝制，後二人雖獲釋，然其個人名聲與後世評價自受影響。[88]故在一九四九年以後，兩岸皆缺乏對林氏的研究問世。專論著作亦稀，至今只有林慰君著《林白水傳》及王植倫著《林白水》二作。林慰君為林白水先生的長女，國共內戰以後移居美國，任職大學教授，她於一九六九年撰寫的《林白水傳》可被視為林白水傳記的開創性著作，由於作者與林白水的父女關係，該書對林氏的家世、個人資料掌握特別多，當可視作為研究林白水的一手史料。但另一方面，作者對其父親之記載和憶述又往往帶有過分溢美和對部分政治事件略過不提（例如林白水協助袁世凱稱帝、與安福派之政治聯繫等），故此該書在部分評價和記述亦有欠客觀。一九九二年，福建學者王植倫撰寫《林白水》一書，介紹林白水的一生，惟該書主要以通俗文學為手法，以小說對白形式撰寫，學術性較低。

　　改革開放以後，中國大陸學術風氣為之革新，文化思想史、新聞史、區域研究史等範疇相繼興起。林氏創辦白話報刊、籌建新式學校、對新聞言論

---

88 有關林白水一生事跡，可參林慰君：《林白水傳》（臺北市：傳記文學，1969年）、王植倫著：《林白水》（福州市：福建教育出版社，1992年）、鍾碧容：〈林白水〉，李新、孫思白主編：《民國人物傳》第9冊（北京市：中華書局，1978年），頁310-316。

界之貢獻等事，由是備受研究近代史之學者注視，因此亦出現不少短篇論文，就上述等範疇加以研究說明。其中尤以思想史和新聞史學者對林氏研究風氣尤盛，如黃新憲就林白水於晚清辦報、辦學、鼓吹白話文等對晚清社會與思想啟蒙之貢獻研究；郭鎮之和丁淦林之文章重新審視林白水的評價問題；方漢奇、林溪聲研究林白水對中國新聞界之貢獻等。[89]從上述中國近代史期刊中研究主題之遽增，足見林白水研究近年已逐漸備受學界所關注。

　　由是可見，林白水的生平仍有值得從學術角度研究，並撰寫專論的空間。例如林氏政治轉向的問題、其生平的考證等，仍有待史家進一步研究。

## （八）清末遺老──辜鴻銘、鄭孝胥、陳寶琛

### 1 辜鴻銘研究

　　清末民初，不少抱持保守文化主義的遜清官員和知識分子，以遺老自居，拒絕認同民國政權，其中不少即為閩籍名人，當中尤以辜鴻銘、鄭孝胥和陳寶琛最為著名。

　　辜鴻銘，泉州同安人，生於馬來西亞，為中國近代著名文學家、思想家。辜氏早年出生南洋，習英語，曾留學英、德、法等地，畢業後，入張之洞幕，參與晚清改革建設，曾任外交部侍郎。晚年於北京大學擔任教習，又

---

89 現存關於林白水研究的主要著作有其女林慰君，《林白水傳》（臺北市：傳記文學，1969年）及王植倫著：《林白水》（福州市：福建教育出版社，1992年），二書主要從傳記方式描述林氏一生，林著雖有不少小說形式的描述，或流於故事化，但作者由於從主人公女兒的身分寫作，從中亦透露出不少訊息。王植倫著則較像小說，多夾雜小說之杜撰對話，學術性較低。而近年研究林白水的文章，則多以評價其功過，與及早年建立革命報刊和思想探討為主，可參黃新憲：〈林白水的社會啟蒙思想探略〉，《河北師範大學學報》（哲學社會科學版）第29卷第4期（石家莊市：2006年7月），頁144-147；郭鎮之，〈林白水命運的歷史審視〉，《國際新聞界》第2期（北京市：2007年），頁72-80；丁淦林，〈怎樣評價林白水〉，《新聞窗》第2期（貴州市：2007年），頁104-105；方漢奇、林溪聲：〈林白水：以身殉報的報界先驅〉，《新聞與寫作》第9期（北京市：2006年9月），頁30-32。

負笈日本講學。辜氏被西方學界視為與印度的泰戈爾和俄國的托爾斯泰齊名，蜚聲國際。故其相關之傳記研究亦較為豐富。

黃興濤著《文化怪傑辜鴻銘》是第一部系統地研究辜氏生平與思想的專著。[90]該書以作者的博士論文為基礎，進一步補充和修正而成，黃著探討辜氏作為一名通曉中外文化的學者，如何從其個人成長和遊學經歷等，講述辜氏的中外文化認識過程，以及他對待中西文化態度的構成原因作出分析，從而解答何以辜氏形成了一種奇特的保守文化思想。就史料運用方面，書中利用大量辜氏外文著譯文獻和國內外報刊文章等，對其生平細節等史實作出考訂，亦係其中一大特色。另外，黃氏亦有其餘兩部作品，討論辜氏的文化觀和心理分析與及生平軼事[91]。

另一部專著為孔慶茂《辜鴻銘評傳》，書中對辜氏文化保守思想進行探討，其內容包括辜氏反現代思想的形成原因、辜氏從傳統文化中尋找出路的問題、對外思想及辜氏對外宣揚中國文化等問題進行討論。孔著認為，辜氏的貢獻在於將中國文化向外「輸出」，並作為中國文化的代言人，一生致力於恪守其傳統，其貢獻和地位應作出肯定[92]。除孔著外，高令印、高秀華亦從辜鴻銘與中西文化的關係和認知的角度，探討辜氏的家世生平、中西學比較、中學研究（包括辜譯四書研究和註釋等）[93]。除以上論著外，嚴光輝[94]、李玉剛[95]、鍾兆雲[96]、姜克[97]等人亦曾撰辜氏傳記。宋炳輝則對辜氏研究論文

---

90 黃興濤：《文化怪傑辜鴻銘》（北京市：中華書局，1995年）。

91 詳見黃興濤：《辜鴻銘：一個文化怪人的心靈世界》（臺北市：知書房出版社，2001
　年）；同氏著：《閒話辜鴻銘》（海口市：海南出版社，1997年）。

92 孔慶茂：《辜鴻銘評傳》（南昌市：百花洲文藝出版社，1996年）。另外，孔氏亦編有
　《中華帝國的最後一個遺老：辜鴻銘》一書，收錄辜氏撰寫的自述和〈張文襄幕府紀
　聞〉、近人對辜氏的生平軼事概述等，見孔慶茂、張鑫編：《中華帝國的最後一個遺老：
　辜鴻銘》（南京市：江蘇文藝出版社，1996年）。

93 高令印、高秀華等著：《辜鴻銘與中西文化》（福州市：福建人民出版社，2008年）。

94 嚴光輝：《辜鴻銘傳》（海口市：海南出版社，1996年）。

95 李玉剛：《狂士怪傑：辜鴻銘別傳》（北京市：華夏出版社，1999年）。

96 鍾兆雲：《奇人辜鴻銘》（北京市：中國青年出版社，2001年）。

97 姜克：《學貫中西驚世奇才：辜鴻銘》（合肥市：安徽文藝出版社，1997年）。

出版匯編[98]。

## 2 鄭孝胥研究

鄭孝胥，字蘇龕，號海藏，閩縣人，為中國近代著名政治家。鄭氏早年曾擔任駐日大使館書記官、廣西邊防大臣、湖南布政使等職，清末立憲時期更擔任預備立憲公會會長，積極參與維新與清末新政。辛亥革命後，鄭氏擔任遜清朝廷的內務大臣兼顧問一職，深受溥儀器重，後來鄭氏與羅振玉二人主張親日政策，積極籌劃建立偽「滿州國」，成為首任國務院總理。

鄭氏晚年因其遺老身分，與及籌劃偽滿關係，致使其晚年遭受非議。現存有關鄭氏研究的傳記亦不多，最早一部為偽滿時期悼念鄭氏而撰寫的《鄭孝胥傳》[99]，為現存最早的鄭氏傳記。該書以遺老和日治時期的「日滿親善」史觀為主體，簡述鄭氏生平，並宣揚其王道思想，但該書對部分史實如鄭氏晚年反對日本壓迫等事，則絕口不提。雖然如此，該書除傳記內容外，亦保留了大量鄭氏一手史料，包括年譜、講辭、學說講義、文編、詩集等，作為研究鄭氏生平與思想的重要文獻，亦具參考價值。

基於政治因素，為鄭氏作傳的學者甚少，直至上世紀九十年代開始，遺老問題始受史學界關注，方對鄭氏研究進行較大規模的開展，如中國歷史博物館勞祖德編《鄭孝胥日記》面世，即為一例[100]。該日記為鄭氏之生平及其相關研究提供新史料，貢獻尤大。其後，即有徐臨江著《鄭孝胥前半生評傳》（2003年）[101]，該書引用《鄭孝胥日記》為基本材料，從鄭氏早年的經歷為研究對象，探討鄭氏「保守型文化」的形成因素，並肯定鄭氏在清末期間的尋求富強思想及其貢獻[102]。

徐著是現存為止研究鄭孝胥早年生平的重要著作，但該著亦有不少問

98　宋炳輝編：《辜鴻銘印象》（上海市：學林出版社，1997年）。

99　葉參、陳邦直、黨庠周合著：《鄭孝胥傳》（新京〔長春〕：滿日文化協會，1938年）。

100　中國歷史博物館編、勞祖德整理：《鄭孝胥日記》（北京市：中華書局，1993年）。

101　徐臨江：《鄭孝胥前半生評傳》（上海市：學林出版社，2003年）。

102　徐臨江：《鄭孝胥前半生評傳》，頁248-254。

題，例如作者仍未脫離傳統革命史觀的影響，對鄭氏的遺老思想進行主觀批評。其次，該書未能善用鄭氏日記面世之便，對其後半生進行深入研究，使傳記未能完整呈現，殊堪可惜[103]。但無論如何，徐著仍為學界了解鄭氏早年生平提供一部具參考價值的專著。

至於對鄭氏晚年的遺老生活及其與偽滿之關係，以美國學者周明之和臺灣學者林志宏有關清末遺老的研究論著最為詳盡，周明之從檢討清遺老對中國政治和文化的現代化反應及其活動，書中多有討論鄭孝胥於辛亥革命後思想的轉變、遺老生活、復辟運動、對日態度和滿州國活動等[104]。鄭氏為遺老的中堅分子，且於滿州國擔任要職，故周著有關鄭氏的討論亦甚多。而林志宏專著主要探討清遺民在政治文化轉型下的處境、回應及其心理分析。其中著述末章，就鄭氏王道主義思想與「滿州國」之意識形態進行探討。[105]故此，周、林二著的研究，為鄭氏晚年的政治活動和思想給予補遺。

## 3 陳寶琛研究

陳寶琛，字伯潛，號弢庵、橘隱，晚號滄趣老人、聽水老人，閩縣螺州人。陳氏年少時活躍於朝議，並與張之洞、寶廷等人參與朝議，時人名為「清流」，一八七〇至一九八〇年代，中法越南戰事迭起，陳氏力陳籌防、外交等建議，每有灼見，被視為清流派的重要言將。一八八七年，陳氏因政敵彈劾下野，其後十多年留居福建從事地方教育、鐵路建設。直至一九〇八年，張之洞主政後，陳氏被朝廷重新任用為禮部侍郎，後來更成為溥儀帝師。一九一一年革命爆發，清帝遜位，一九一〇到一九二〇年代，陳氏隨廢帝四處奔走，積極籌備復辟運動。晚年，陳寶琛由於與溥儀寵信之另一復辟運動人

---

103 忻平：〈序〉，載徐臨江：《鄭孝胥前半生評傳》，頁1-3。

104 詳見〔美〕周明之：《近代中國的文化危機：清遺老的精神世界》（濟南市：山東大學出版社，2009年）；林志宏：《民國乃敵國也：政治文化轉型下的清遺民》（臺北市：聯經出版事業公司，2009年）。

105 見該書第七章〈王道樂土──情感的抵制和參與「滿州國」〉，林志宏：《民國乃敵國也：政治文化轉型下的清遺民》，頁307-360。

物——鄭孝胥就與日本合作、建立偽滿州國等問題意見不和，堅拒與日人合作，從此與偽滿朝廷疏遠，一九三五年，陳寶琛以八十八歲高齡去世。

　　關於陳寶琛研究，現存相關專著不多，其中有陳貞壽、黃國盛、謝必振《陳寶琛傳》，為未刊稿；一九九七年十月，福建學者唐文基、徐曉望、黃啟權等，應陳寶琛教育基金籌委會之邀，召開「陳寶琛與中國近代社會」研討會，並就陳氏一生之事跡及其貢獻撰文討論[106]。

　　現時有關陳寶琛的研究成果仍未充分，主要散見於各期刊文章之中。研究題目主要集中於清流黨、中法戰爭、晚清新政、張勳復辟、溥儀與「帝師」等問題。例如陳勇勤、周育民[107]等研究陳寶琛在參與清流運動時期（包括中法戰爭時期）的主張及貢獻。唐文基、莊明水等人就陳寶琛在福建地方建設，包括教育、鐵路等作討論[108]；王慶祥在論述溥儀與陳寶琛的師生交往，包括陳氏對溥儀思想的影響，陳氏晚年時二人在復辟問題上的矛盾等進行討論[109]；胡平生則從民國時期復辟派群體研究為主題，討論他們與復辟運

106 詳參唐文基、徐曉望、黃啟權主編：《陳寶琛與中國近代社會》（福州市：陳寶琛教育基金籌委會，1997年）。另參林愛枝主編：《「陳寶琛與中國近代社會」學術研討會論文集》（第一至七冊）（福州市：編者，1994年）。

107 陳勇勤：〈晚清清流派整頓吏治清議述論〉，《社會科學戰線》第2期（長春市：1994年）、〈晚清清流派的恤民思想〉，《歷史檔案》第2期（北京市：2003年）、〈晚清清流派教育思想探論〉，《遼寧教育學院學報》第1期（遼寧市：1994年）、〈略論李鴻章與清流派〉，《學術界》第4期（合肥市：1992年）；周育民：〈從陳寶琛論清流黨〉，《上海師範大學學報（社會科學版）》第27卷第1期（上海市：1998年3月），頁52-58。

108 參劉劍敏：〈陳寶琛與洋務運動〉，收錄於唐文基、徐曉望、黃啟權主編，《陳寶琛與中國近代社會》，頁360-376；詹冠群：〈陳寶琛與漳廈鐵路的籌建〉，錄於唐文基、徐曉望、黃啟權主編：《陳寶琛與中國近代社會》，頁453-469；張帆：〈論陳寶琛近代新式教育實踐〉，《福建師範大學學報（哲學社會科學版）》總第111期（福州市：2001年），頁142-147。

109 王慶祥：《溥儀人脈地圖》（北京市：團結出版社，2007年）。有關溥儀和陳寶琛的師生關係和政治思想比較，溥儀在其自傳中亦多有敘述，參愛新覺羅·溥儀：《我的前半生》（北京市：群眾出版社，1980年）。其他文章，另參王鍾翰：〈陳寶琛與末代皇帝〉，載唐文基、徐曉望、黃啟權主編：《陳寶琛與中國近代社會》，頁221-226。

動的關係，書中亦對陳寶琛的角色及影響有所討論[110]。有關陳寶琛生平的論文方面，有何藝文、高伯雨、高嘯雲、鄭毓蘋和曾仕良等[111]。其中鄭毓蘋、曾仕良文章較系統和全面地概述陳寶琛的生平和思想，包括引用其詩文、奏議等，觀察其心理轉變和政治活動之互動關係，為現存較全面掌握陳寶琛生平與思想的短篇文章。然而，迄今為止，學界仍缺乏一部完整和系統地描寫陳寶琛思想與事跡的專論著作面世。

至於研究材料方面，二〇〇六年出版，由劉永翔、許全勝點校《滄趣樓詩文集》收錄了陳寶琛大量相關詩文、奏議、家譜、書信等資料，是研究陳寶琛的重要基礎文獻。另外，近年有關清末遺老研究亦日見豐碩，唯著作中有關陳寶琛之研究討論不多，故此，對陳寶琛的幾個問題，如陳氏早年參與清流運動和中法戰爭的言論及思想、對福建地方建設的貢獻，晚年陳寶琛對復辟運動的角色、民族思想、與溥儀和其他遺老（如鄭孝胥、羅振玉）等人之關係等，仍有待史家發掘和研究。

## 三　總結

從以上研究概況可見，近代福建知識分子對清季以來之政治、軍事、思想與文化等範疇皆起著重要影響，廣為史學家所研究。然而，部分對近代有重要影響之人物，如林白水、鄭孝胥、陳寶琛、陳衍等人，其生平與事跡之考述問題，仍有所不足，當中尤以鄭孝胥和陳寶琛二人之研究，已有充分史料面世，而未有詳細的、全面的傳記面世，極需進一步深化和補遺。另一方面，現存對福建名人之研究，仍以個人為主，鮮有對近代福建的「知識分子

---

110 胡平生：《民國初期的復辟派》、氏編著：《復辟運動史料》（臺北市：正中書局，1992年）等。

111 何藝文：〈孤忠傲骨一詩翁：謹記我外公「帝師」陳寶琛事略〉，《傳記文學》第54期（臺北市：1989年2月），頁77-84；高伯雨：〈宣統帝師陳寶琛（1848-1935）〉，《藝文誌》第144期（臺北市：1977年9月），頁16-19；高嘯雲：〈遜清遺老：陳寶琛太傅生平〉，《書和人》第580期（臺北市：1987年10月），頁1-2；鄭毓蘋、曾仕良：〈梓中少見的陳寶琛〉，《南開學報》第6卷第1期（天津市：2009年6月），頁15-23。

群體」的思想作出探討，如福建傳統文化和新學思想對閩省士人群體的思想構成什麼影響，又如部分群體，如閩省遺老尤多的現象、同光體閩派詩人的政治觀和政治取向等等，這些問題仍未為史家所注視。由是觀之，有關福建近代人物之研究仍是一個可深入研究的題目，有待日後史學家進一步探討。

第三章

# 近代福建知識分子：林白水的生平與事業

## 一　引言

　　林白水（1874-1926），原名林獬，字萬里，又名少泉，以白水、宣樊、秋水、白話道人等筆名活躍於報界，為清末民初的政治界、思想界和新聞界的重要人物，時人將他與同鄉的林紓（1852-1924）、林長民（1876-1925）齊名，合稱民初北京的「福州三林」。[1] 在政治界，林氏曾參與清末民初革命報刊之創辦與經營，為同盟會之重要成員，革命後，更成為民國初年的政治家；在思想界，他在1890年代即走在時代潮流風氣之先，響應開民智、禁纏足等維新口號，辦白話報、興女學，成為清末下層社會啟蒙運動的領航者；而在新聞界，他亦以民族復興、政治革新為職志，活躍於輿論界，監督時弊。由是可見，林氏的生平及思想在中國近代史具有研究的價值。本文試從林氏一生的經歷及言論，梳理其思想之轉變，並評價其對清末民初政治、思想及言論界之貢獻。

## 二　問題提出

　　在現存相關的辛亥革命史研究當中，政治界、思想界、新聞界的主流人物研究成果豐碩。例如孫中山（1866-1925）、蔡元培（1868-1940）、嚴復

---

1　梁敬錞，〈林白水先生傳略補遺〉，《傳記文學》第15卷第2期（臺北市：1969年8月），頁37。

（1854-1921）、梁啟超（1873-1929）等人的研究皆為顯學。然而，對於革命史上一些相對較次名氣，而於當世具有影響力的人物，仍有不少研究空間，林白水便是其中一例。[2]

十九世紀中葉以後之中國，隨著西力東漸，西方文化傳入，報紙和新式印刷文化由傳教士引進。及至十九至二十世紀之交，中國報業發展經已成為新興的文化事業之一。張灝將一八九五至一九二五年定義為中國近代思想史上的轉型時代，提出此時期的兩大轉變特徵：一為報刊雜誌、新式學校及學會等制度性傳播媒介的大量湧現；一為新的社群 —— 新式知識分子（intelligentsia）的出現。[3]而作為清末民初以報刊宣揚革命、批評時局的知識分子，林白水絕對是史冊值得記錄的一名。

迄今為止，現存有關林白水研究的專業學術專論、論文所在不多，專論著作方面，早期有林慰君著《林白水傳》及王植倫著《林白水》，而近年由於研究林白水風氣再起，不少史學界、新聞界論者皆有林白水思想研究及其個人評價的論文，如黃新憲、郭鎮之、丁淦林、方漢奇、林溪聲等。[4]然

---

2 例如從辛亥革命研究史的論文集中，如中研院近史所編，《辛亥革命研討會論文集》（臺北市：編者，1983年）及華中師範大學中國近代史研究所編，《辛亥革命與20世紀中國》（武漢市：湖北人民出版社，2001年）為例，林白水的研究皆鮮有被提及，足見林氏對辛亥革命的研究貢獻仍有深入研究價值。

3 〔美〕張灝：〈中國近代思想史的轉型時代〉，《時代的探索》（臺北市：中央研究院、聯經出版事業公司，2004年），頁37-60。

4 現存關於林白水研究的主要著作有其女林慰君，《林白水傳》（臺北市：傳記文學，1969年）及王植倫，《林白水》（福州市：福建教育出版社，1992年），二書主要從傳記方式描述林氏一生，林著雖有不少小說形式的描述，或流於故事化，但作者由於從主人公女兒的身分寫作，從中亦透露出不少訊息。王植倫著則較像小說，多夾雜小說之杜撰對話，學術性較低。而近年研究林白水的文章，則多以評價其功過，與及早年建立革命報刊和思想探討為主，可參黃新憲，〈林白水的社會啟蒙思想探略〉，《河北師範大學學報》（哲學社會科學版）第29卷第4期（石家莊市：2006年7月），頁144-147；郭鎮之：〈林白水命運的歷史審視〉，《國際新聞界》第2期（北京市：2007年2月），頁72-80；丁淦林：〈怎樣評價林白水〉，《新聞窗》第2期（貴州市：2007年），頁104-105；方漢奇、林溪聲：〈林白水：以身殉報的報界先驅〉，《新聞與寫作》第9期（北京市：2006年），頁30-32。

而，上述論著皆是短文，往往對其生平有所省略，未窺全豹。故此，本文乃希望從現存收錄林氏文章的《林白水文集》為基礎，[5]利用該集收錄林氏由清末至民初在各報刊中之文章，附加現存與林白水相關的一、二手研究材料，進行整理，以求對林氏作為清末民初重要的革命分子與知識分子（知識階層）思想之流變及其貢獻作一系統性說明。

## 三　林白水革命思想之形成

個人思想之形成，與其幼年之學習及經歷有著一定關係。林白水之所以能有領先於時代潮流的革新思想，實與其家庭環境，幼年時跟隨名師有著密不可分的關係。林氏出生於一八七四年十一月二十九日，家鄉為福建閩侯縣青口鎮青圃村，林家世代為官，祖父林唐卿（生卒不詳）曾於貴州入仕，其叔父林履中（1853-1894）為海軍參將，在甲午戰爭時為身死殉國，他還有一個胞妹，林宗素（1878-1944），日後成為中國女權運動家。林家雖然在其父親的管理下，家道日漸中落，但其娘家仍不吝於聘請名師教導子女，當時林氏兄妹受教於名士高嘯桐（生卒不詳），高氏為福建名士，與當時閩、浙學派名家林紓（琴南）、陳吉士（生卒不詳）等皆為好友，[6]而高氏則為杭州知府林啟（1839-1900）的幕臣，為當時維新分子。在名師教導下，一方面，高氏深厚的國學功力，為林白水的國學打下良好根基；另一方面，林氏亦從高氏教導中灌輸了維新變革的新思想，例如高氏向林白水介紹日本學堂和報刊發展對提高民智、傳播知識的作用。後來林氏一生力主以辦學、辦報為傳播知識、鼓吹政治改革之工具，實承襲於高氏之啟蒙。[7]而且，由於林白水在杭州師友多屬國學名家，又有謀國家改革之思想，這亦令他形成發揚

---

5　林偉功主編：《林白水文集》（福州市：福建省歷史名人研究會林白水分會，2006年）。

6　林紓與江浙友人暢遊杭州西北名勝——西溪，後於〈游西溪記〉中記述：「同游者為林迪臣先生，高嘯桐，陳吉士父子，郭海容及余也。己亥九日。」林紓：〈游西溪記〉，王國平主編：《歷代西湖文獻專輯——西湖文獻集成》第13冊（杭州市：杭州出版社，2004年）。

7　林慰君：《林白水傳》（臺北市：傳記文學，1969年），頁7-8。

「國粹」，保種救國的思想。

　　此外值得一提的，便是林白水與國粹派學者劉師培（1884-1919）的交誼，林氏旅居杭州時，曾擔任林啟家中師塾，因此關係而結識一群江浙名士，其中一名叫王郁生（又名王無生，生卒不詳），王氏為活躍於杭州一帶的知識分子，實為革命黨人，經常向時人宣傳革命思想，派發革命刊物。據劉師培外甥梅鉽在《儀徵劉氏五世小記》中憶述，劉氏是透過王氏的朋友關係而認識王郁生的好朋友林少泉（林白水），而劉師培在與林白水認識後，可說是一見如故，林白水對於劉氏國學根柢之深厚，對古今知識之廣博，尤為讚賞。而後劉氏受王郁生與林白水的革命思想影響，於是決定投身革命，後來更共赴上海，開始以文字從事革命的生涯。[8]而劉、林二人的情誼，從此而結，成為其後來二人抱有共同之政治理想及仕途的關係。

## （一）興辦女學

　　在經歷年輕時的學習後，當年只有十七歲的林白水，於一八九一年，從杭州學成回閩，為響應維新，創辦了「閩中女學會」。女學是近代中國變法當中重要的一環，為變法提倡者經常提出的口號，康有為（1858-1927）、梁啟超等人即主張反纏足、興女學的思想。而林白水當時在杭州學習，「見邦人君子咸以各省學堂、學會之盛及海內外文明之現狀」，由是萌生於福州興辦教育組織的想法，成立了「閩中女學會」。有關「閩中女學會」於何時成立，沒有明確答案，但從現存刊載於一八九一年二月《南洋七日報》，由林白水親自撰稿的〈閩中女學會述略〉（附章程）當中，可知其會應創立於一八九一年二月，而〈閩中女學會述略〉一文，亦透露了他當時辦學的宗旨和理念。[9]

---

8　關於梅鉽：《儀徵劉氏五世小記》之引文，轉載自萬仕國：《劉師培年譜》（揚州市：廣陵書社，2004年），頁25。

9　林偉功主編：《林白水文集》（福州市：福建省歷史名人研究會林白水分會，2006年），頁1-3。

　　林氏認為，各省在維新風氣下，皆設立學堂，例如在福州早已有蒙學堂、閩報、藏書樓等建設，且「規模大定」。但是當時的學堂、報紙皆「不及女學」。女子民智不開，實有礙於中國之人種進化，故此，林氏希望從提高中國女子之文化素養、破除封建陋習為目的，達致「女學大昌，人種進化」。女子一旦能提高知識水平，則能改革中國半數人之民智。女性是孩子生育後的母親，她們能從「胎教」、「母教」中提升孩子素質。故林氏在文中引用西洋與日本思想家對胎教之重視，謂：「女子之有學與否，及其性之善惡邪正，皆與其子女所稟之性有同類。蓋幼時教育之道，雖父母兼任其責，而歷觀古今成就卓卓者，皆受賢母之教育為多。」[10]故此，林氏決定設立女學會，以「至簡至易」方法，先從「識字」為基礎，以後至「能作白話」，最後「能作文言」，以認識文字為方法，提升女子之知識水平。

　　從學會章程當中，亦可見其男女平等觀念。學會宗旨有二：（1）研究女子應盡之義務及德育、智育、體育等事。（2）凡習俗女子之禁忌及服式舉動，須立求改良。基於此二宗旨，女學會內之規程中亦展現男女平等的意味。如學會內之女學生的儀容規定，一律不許纏足、一律布衣不繫裙、不飾珠玉、脂粉淡素；禮儀方面，男女相見，須互行致敬禮，對稱其字號。對於女學會內之男子，會章亦規定不許男生在女會友前須以「最優之禮」對待，「言談宜盡其誠敬。無許以尋常婦人相視」，亦不許有吐啖、野蠻、吸菸、喧笑等舉動。[11]

　　有關「閩中女學會」資料，所知不多，目前亦僅存此文，但從文中可見，林氏早年經已萌生女學思想，並響應維新運動，提出變革先聲。

## （二）林白水在杭州、福州參與的地方革命運動

　　從一八九〇年代至一九〇二年為止，林氏除了短時期在福州老家休假

10　林偉功主編：《林白水文集》，頁1-3。

11　林偉功主編：《林白水文集》，頁1-3。

外，皆長時期留在杭州參與新學堂的經營及辦報，亦是他投身革命事業的第
一段時期。

　　林氏在高嘯桐處學習至二十歲左右，經老師高氏介紹，到杭州知府林啟
家當私塾老師。林家的私塾老師除林白水外，另一位便是林紓，二人由是相
識。不久後，杭州地區響應政府新政，新式文教事業發展迅速，林啟開辦了
一系列新式學堂，包括求是書院、蠶學館等。[12]由於事皆草創，急需教師，
一八九八年，白水遂應迪臣之邀，擔當蠶桑學院教習。未幾，又轉調至林啟
之另一新式學堂，著名的求是書院擔當總教習，協助領導杭州新式教育之發
展。當時養蠶學堂主要仿照日本學習西方養蠶而達致成功之法，以翻譯日人
養蠶圖書、聘請外國教習、引進西方儀器技術，刺激本地蠶絲及紡織業生
產。[13]

　　求是書院，全名為杭州中西求是書院，成立於一八九七年，係杭州最早
具備中西科目之學校。學生以學習國文、英文、數學為基礎，兼修化學、經
史策等，可見其中西匯通、經世致用思想。[14]而林氏在杭州時期，亦暗中組
織學生成立推動維新風氣之團體，傳閱當時被政府查禁之刊物。在杭州教學
一年多以後，林氏即在其寓所附近創立一個名為「林社」的吟詩會，此社表
面上以文學交流為名，實質為林氏與其學生討論時局大政的地方，據他的女
兒林慰君估計，當時「林社」之人數多達三百多人。[15]

　　除開辦革命組織外，此時的林白水亦響應梁啟超之號召，大力提倡軍國

---

12 李國祁：《中國現代化的區域研究：閩浙臺地區，1860-1916》（臺北市：中央研究院近
　　代史研究所，1985年），頁478-480。

13 有關林啟開辦養蠶學堂的目的、其辦學章程、成效等資料，可參閱林啟：〈請籌款創設
　　養蠶學堂稟〉、〈設立養蠶學堂章程〉、〈浙江蠶學館表〉及羅振玉：〈杭州蠶學館成績
　　記〉等，皆轉載自陳學恂：《中國近代教育史參考資料》上冊（北京市：人民出版社，
　　1993年），頁336-343。

14 有關求是書院教學目的、辦學章程等，可參閱廖豐壽：〈奏設杭州中西求是書院折〉、
　　〈求是書院章程〉等，皆轉載自陳學恂主編：《中國近代教育史參考資料》上冊，頁
　　249-253；另參〈求是書院課程〉，轉載自高時良編：《中國近代教育史資料匯編‧洋務
　　運動時期教育》（上海市：上海教育出版社，1992年），頁817。

15 林慰君：《林白水傳》，頁11-12。

民主義，他認為日本維新變革的成功之道，乃在於其軍民合一，社會組織軍
事化、國民人人接受軍事訓練等，為長期積弱的中國國民的救國良方，一旦
軍國化、軍民化，國家自然可以自強，並達致保種救國的目的。於是，他與
一眾在杭州志士，包括同鄉林長民等人，乃響應軍國民主義之口號，集結一
眾杭州日文學堂學生，創辦《譯林》雜誌，翻譯日本國內《軍國論》一文，
鼓吹軍國民思想。[16]

　　除杭州的教育建設外，林氏亦不忘閩省學子之啟蒙與革命運動的組建。
壬寅年（1902）正月，他從杭州回閩，與其舅兄黃翼雲（生卒不詳）、黃展
雲（生卒不詳）創立了福州蒙學堂，向福州年輕民眾宣揚革命思想，為近代
福建第一所新式學堂。蒙學堂生當中有不少皆成為後來重要革命人物，例如
林長民、林肇民（生卒不詳）、林覺民（1887-1911）等，皆曾受教於蒙學
堂。[17]蒙學堂當中除常設小學班外，還開特別班，設圖書館、運動場、軍體
課等，並組織「勵志社」、「閱報社」，舉辦演講會等。蒙學堂後來即成為侯
官兩等小學堂，這對於福建地方革命運動之宣傳，起一定程度的作用。在蒙
學堂設立不久，林旋即回杭州繼續擔任教習，蒙學堂經營主要由黃氏兄弟管
理。後來蒙學堂由於資金不足，遂交由官方管理，轉為官學，並更名為高等
小學校。[18]

## （三）杭州白話報

　　在「林社」等革組織發展略有規模後，林白水決定出版一分討論時政，
宣傳革命的機關報《杭州白話報》。對林氏的思想發展而言，一九〇〇年是

16 桑兵：《清末新知識界的社團與活動》（北京市：生活・讀書・新知三聯書店，1995
　　年），頁238-272。有關軍國民思想研究，參瞿立鶴：〈清末民初軍國民教育思潮〉，《師
　　大學報》第29期（臺北市：1984年6月），頁27-52。

17 黃翼雲：〈閩縣林白水先生傳略〉，載林慰君：《林白水傳》，頁106。

18 據《國民日日報》一文中披露福州蒙學堂之建校歷史，成立日期為壬寅正月。詳參〈福
　　州蒙學堂小歷史〉，載《國民日日報》第2冊（臺北市：中國國民黨中央委員會黨史史料
　　編纂委員會，1968年），頁212-219。

一個重要的轉折點，此時期以前，林氏言論及思想雖已萌生變革，響應維新，例如興辦女學會、參與學堂教育之建設等。然而林氏真正萌生革命、排滿之思想，是在一九○○年發生的庚子拳變以後。而林白水的政治思想的轉變，即在其一九○一年成立之《杭州白話報》當中有所反映。

甲午戰爭以後，國人痛心政府無能，謀求變革，以報刊為主的新式傳播媒體有如雨後春筍，紛紛在各地創立，以廣為宣傳維新變法思想。[19]及至戊戌維新失敗、庚子拳變，滿清統治腐敗為新式知識分子所厭棄，萌生起反滿、排滿的革命思想。林白水亦為其中一員，正當他於一九○一年擔任求是書院總教習的同時，他亦利用其可運用之資源，創辦一分宣揚政治理念的白話報——《杭州白話報》。該報成立於一九○一年六月，由創辦至閉刊，歷時一年多，為林白水第一分創辦的報刊，亦是中國各地早期創辦的其中一分白話報。[20]該報每月出三本，全年共三十三本，每期刊兩張紙，共四面；報館設於祖廟巷，項宅。[21]《杭州白話報》雖於杭州發行，但其販售網絡甚為廣泛，代辦處遍布全國，在上海、北京、蘇州、天津、福建、武昌等全國各地共二十三市皆設有代辦。[22]至於籌辦經費，多由友人捐助及廣告收益而來。

該報創立的宗旨為：「開民智和作民氣兩事並重」。在該報發刊辭〈論看

---

19 按李仁淵研究指出，一八九五年以後中文報刊的創立數目劇增，其中尤以一九○○年庚子拳變以後激增趨勢尤盛。李氏引史學家呂思勉之回憶，呂云：「余年十一，歲在甲午，而中日之戰起，國慶師熸，創深痛巨；海內士夫，使群起而謀改革。於是新書新報，日增月勝。」參氏著：《晚清新式傳播媒體與知識分子》（臺北市：稻鄉出版社，2005年），頁102-105。

20 按呂鳳棠對白話報的研究顯示，中國最早的白話報刊為一八七六年三月創辦的《民報》，為文言到白話的初次嘗試，但該報創辦不久即告停刊，當時白話報亦未成氣候。直至戊戌維新以後，才陸續有白話報刊的出現。詳參呂鳳棠，〈白話報刊的歷史演進及其特徵〉，《出版發行研究》第9期（北京市：2003年9月）一文。李孝悌謂，中國最早的白話報出現在一八九七年，似乎有誤。按李氏數據提供，一九○○至一九一一年間，共出版了一百一十一種白話報。參氏著，《清末的下層社會啟蒙運動：1901-1911》，頁17、251-290。

21 林偉功主編：《林白水文集》，頁6。

22 林偉功主編：《林白水文集》，頁6。

報的好處〉一文當中，林白水（當時的筆名為宣樊子）即說明以白話創辦報刊的用意及目的，主要分為三方面：（1）通消息；（2）吸收新知識；（3）開風氣，而使國勢強盛。林氏認為，白話報的創辦，是便利四民吸收海內外知識的重要工具。對於士人來說，晚清政府正進行變革，開學堂、廢八股、用策論取士，「我們讀書人若不看報，哪裡能曉得外頭的許多事情……現在各省是什麼風氣？有了報看，自然一目了然」。除了士人外，對於農工商階層，「能多看報，都有好處」，故此文字以淺白為主，希望能夠造成「廣開民智」的效果。[23]

《杭州白話報》內容多以討論國內外時事為主，文章大致可分為三種不同類型：

第一類是國內內政問題。該刊創辦時值庚子拳變後不久，排外問題自然成為報中主要討論題目。林氏即針對排外問題撰文〈論中國人對付外國人有四種情形〉、〈論中國人對付外國人的公理〉、〈續論中國人對付外國人的公理〉（連載於第10-13期）。文中針對不同中國人對待外國人的反洋與媚洋兩種不良心態進行批評，他觀察到：

> 現在中國人明白公理的很少，對付外國人，大約有四種情形：一種是欺侮外國人的，一種是輕看外國人的，一種是害怕外國人的，一種是奉承外國人的。[24]

這四種不良心態遂造成一方面中國長期積弱，而另一方面又盲目仇外的情況。他認為盲目排外，「殺洋人，燒教堂」的人實由於不認識和不了解西方學問所致，故此，正確認識西方學問，廣開民智，並從「公理」處理事情，自然能改正這些問題。

第二類是有關政治改革思想的文章。林氏多以西方歷史事例為名，宣揚西方民主國家革命成功、自立的例子，如〈美利堅自立記〉以美國「自立」

---

23　林偉功主編：《林白水文集》，頁4-5。
24　林偉功主編：《林白水文集》，頁6。

於英國獨立，廢除君憲，成立民主政府的例子，文中雖描述美國之事，但其實亦有向讀者灌輸西方民主思想之意味：

> 原來地球上各國做皇帝的情形大不相同。有的叫做君主之國（君是國君，主是主意）。這君主之國，是無論什麼事情，都不要去告訴百姓，只憑國君一個人做主。有的叫做君民共主之國。這君民共主之國，是國中開幾個議院（議院是議事的地方）。議院又分做上、下兩等……國裡不論什麼事件，那皇帝一個人不能獨斷獨行，都要和上下議院商量，這就叫君民共主了。還有民主之國，那民主國一切事件統要歸議院做主。議院的權柄就比那國君大了。要是議院不肯答應，不論何事，都不能做。這民主國並無皇上。國君由百姓公舉，名叫總統，也稱伯理璽天德（筆者按：此為 president 的讀音）。這總統限做六年滿任，任滿就要告退，再由百姓公舉別人。[25]

從引文可見，林氏對當時西方的政治制度有一定認識與掌握，並從中的專制君主制度、君主立憲制度、民主制度相比較，不無羨慕西方民主制度而貶抑中國專制君主制度之意。接著，林氏又引美國之堅持獨立而發出感言謂：

> 大凡生死之交關的時候，人家總是要爭的。當初美國若不是這樣拚命戰爭，力圖自立；只要說一聲敗，那全國的百姓，就要子子孫孫永遠不能夠免那做奴才的苦楚了。幸虧全國之中，上上下下都曉得替本國爭氣，同心合力，抵死不做奴才。後來竟能如他所願。[26]

最後，林氏在文末總結中提出他撰文的用意，並透露出其革命思想：

---

25 林偉功主編：《林白水文集》，頁13-14。

26 林偉功主編：《林白水文集》，頁15。

列位，你不要把這部書當做《三國演義》、《封神傳》看。我們演書的意思，是要望你大家一心一意學美國人。後來好替我們中國爭爭氣呢。[27]

另一篇代表文章便是〈俄土戰記〉，文中引當時人稱歐洲病夫的國家——土耳其為例，批評其墨守成規，不諳世界形勢，盲目排外。事實上，林氏乃藉土耳其在歐洲之問題，暗諷滿清之中國如土耳其一樣腐敗無能：

> 據外國人的公論，他道：「東邊有兩個國度好像病人一般……原來一個是土耳其，一個就是中國。」……列位，你看那土耳其，有這種狗才糊塗官，怎能夠把國家興旺呢？不但是這樣，卻還有大大的笑話。現在歐洲全國，那一國不變法，那一國不講究維新。單單這土耳其，偏要死守著祖宗傳來的古老法子，抵死不肯改變。任外邊人笑的、罵的、來侵犯的、來瓜分的、只是不動。還一味要用蠻法壓制百姓。到了百姓離心的時候，那在上的勢力也漸漸抵當不住，一天捱上一天，和那沒有氣息的病人一般，這是第一件病根。那第二件的病根叫外交不慎……現在地球各國，那一國沒有通商？那一國沒有訂個條約？並且各國公同立個公法，喚做《萬國公法》隨例那頂強頂弱的國與別國交涉，要照准公法行事。倘然違了公法，無論那一國都可興兵問罪。這是地球上各國通行的章程。那知那土耳其並不守這公法，而且不時即鬧教案。[28]

文中除指出土耳其內政問題與及在外交觀念上的僵化外，更引申出中國與土耳其的關係。

> 列位，我們是中國人，照現在的景象比較起來，與土耳其也相去不遠

---

27　林偉功主編：《林白水文集》，頁16-17。
28　林偉功主編：《林白水文集》，頁17。

了……列位看了書後，到底是想把中國變做轟轟烈烈與各國爭雄呢？還是仍舊聽著他不痛不癢同這土耳其長病久病，始終沒有藥救呢？

最後介紹〈菲律賓民黨起義記〉，文中引菲律賓民黨反抗外族西班牙人統治事件，並引此為鑒，勸喻中國人急謀振作。

總歸自己道理十分充足，堂皇正大，磊落光明，一個個都抱著大丈夫不願久居人下的氣概，合攏來講究那保護種族的道理（種族是我們這一種這一族的人）。那別種、異族就不敢來侵犯了……列位，你且想想，我們中國這輩人不懂那合群的道理。要想像這菲律賓民黨，真正是萬分艱難的。閒話休談，如今我們演書人的意思，是要請你列位看看，這菲律賓不外一個小島，尚且不肯受人壓制，要圖自立。那比菲律賓地大的國度，也好挺著肚皮急謀振作了。[29]

以上三篇文章，皆引申外國歷史事例說明中國國內之情況，進而鼓吹革命思想，鼓吹國人改革時局，革命自立，亦可視為林白水早年透過報刊宣傳革命思想的代表文章。從三文當中亦可見，庚子拳變及清廷處理外交之失當，實為諸如林白水等革命知識分子對清廷統治失望，轉而投身革命的重要事件。

第三類是改革風俗。在《杭州白話報》中，林白水亦有勸導民眾改革生活風俗的文章。在〈齊家的法術〉一文中，林氏討論了家庭當中包括家庭關係、子女教育、對待賓客、嫁娶、飲食、清潔、理財及應改革之壞法（陋習）。[30]唯現今保存的〈齊家的法術〉一文只有第一至第五章，有關最重要的部分——應改革之壞法（陋習）內容經已散失，未能了解其中大意。然而在其長文的目錄當中，仍保有應改革的壞法的項目，它們包括纏足、燒香、拜

---

29 林偉功主編：《林白水文集》，頁20。
30 林偉功主編：《林白水文集》，頁27。

籤、吃素、好訟、吃鴉片、信風水、好賭博等八項。這些多半被當時新式知識分子視為迷信、守舊及社會不良風氣的事情，皆屬林氏勸導民眾改革風俗之列。

　　一九○二年，《杭州白話報》因言論多有批評滿清政府，暗中鼓吹革命之意味，於是政府乃派員查封報社和「林社」。林氏亦因避禍而暫返閩省，歷時一年多的白話報刊宣告終結。[31]在刊行期間，《杭州白話報》廣受當時知識分子歡迎，讀者包括武備學堂、求是書院學生，亦包括浙江部分開明官吏。不單如此，該報亦是當時杭州城內銷路之首，按《浙江潮》於一九○三年的統計數字，《杭州白話報》相比當時主流的報刊銷售量，《蘇報》（每月50分）、《新民叢報》（每月200分）、《申報》（每月500分），而《杭州白話報》則每月達七百到八百分，到後來更增至每月二千分。[32]從此驚人的銷售量，足見當時林氏之言論對杭州地方知識分子的影響力。學者桑兵嘗以「區域性學潮」概念，形容二十世紀中國各地區學生學潮之事件，由此可見，林白水實可視為杭州地區向學界知識分子鼓吹革命和啟蒙思想的「區域性學潮」領航者。[33]

## 四　林白水早年在上海的排滿革命及其活動

### （一）上海教育會

　　在《杭州白話報》報禁及「林社」遭查封後不久，林白水即經友人介紹，於一九○二年抵達上海，展開新一輪的革命活動。

　　一八九五年以後，中國歷經甲午戰敗、庚子拳變等重大對外事件，在在顯示清政府的腐敗無能，當時一群新式知識分子莫不思考救國之出路。其中

---

31　林慰君：《林白水傳》，頁14-15。
32　呂鳳棠：〈白話報刊的歷史演進及其特徵〉，頁78。
33　桑兵：《晚清學堂學生與社會變遷》（桂林市：廣西師範大學出版社，2007年），頁4-10。

一部分人，即以「排滿」和「革命」作為救國方略。[34]由於一般下層民眾難以吸收時事資訊，亦缺乏新思想教育，故對反滿革命皆不熱衷。相反，在沿江沿岸大城市接受新式教育的學生，他們接受西方教育，對國家形勢有所了解，莫不有救國之志向，於是，革命人士決定從教育界入手，以學生組織為名，暗中運動學生，鼓吹革命。而一九〇二年在上海成立的「中國教育會」正是因此誕生。當時創辦人包括有蔡元培、劉師培、吳敬恆（1865-1953）、林白水、陳夢坡（生卒不詳）等。[35]會內成員更發起組織愛國女學社、愛國學社。

而林白水在當時的工作，除了擔任教育會內的教習外，主要便是跟劉師培一同負責革命報刊的編輯和發行會內出版物。另外，就是與他妹妹林宗素一起擔當在上海福建學生會的骨幹，聯絡在國內外的福建革命黨人。[36]在「中國教育會」建立後不久，林白水乃於一九〇三年自資至日本作短期留學。在留日期間，林氏仍積極參與日本的革命團體，並參與「中國教育會」的教育、革命活動。時值俄國進兵東三省，侵犯中國主權。當時海內外之知識分子，尤其抱有革命思想之學生，皆群情激昂，當時一批留日的青年會幹事，乃聯絡各省留學生代表，共同商討應對辦法。當時林白水亦為受邀的學生領袖之一，會中議定組成學生軍義勇隊，日夜加緊操練，並籌劃聯絡國內有志之官員、志士加入，準備開赴東三省抗俄。林白水被任命為丙區之二分隊長統領志士十名。當時留學的部分閩籍人士包括林宗素、林長民、林肇民、林先民等皆在隊中。後來清政府以迫使日方對學生軍進行解散，此事方

---

34 關於「排滿」與「革命」思想和辛亥革命的關係，參王德昭：《從改革到革命》（北京市：中華書局，1982年）一書。

35 參蔡元培：〈愛國女學三十五年來之發展〉，引自陳學恂主編：《中國近代史教學參考資料》上冊（北京市：北京人民出版社，1993年），頁609-610。

36 關於福建省人在庚子後組織之學生活動，參李國祁：《中國現代化的區域研究：閩浙臺地區，1860-1916》，頁218-231；另有關清季福州革命團體資料，可參李金強：〈清季福州革命運動興起及其革命團體演進初探〉，載氏著：《區域研究：清代福建史論》（香港：香港教育圖書公司，1996年），頁166-214；另參桑兵：《清末新知識界的社團與活動》（北京市：生活‧讀書‧新知三聯書店，1995年），頁313。

休。[37]學生軍行動雖以解散告終，然而激發起留日學生之激情，當中不少學生後來回國皆參與革命黨所籌組的抗俄組織，為日後抗俄運動的成功打下思想及輿論基礎。

當時中國教育會之出版物包括報紙、還包括有專著、教科書等，報紙類最主要有《中國白話報》、《俄事警聞》、《警鐘日報》等，而專著類，主要以法律及歷史二種類為題材，一九〇四年，林與劉師培共同寫成《中國民約精義》一書便是其中一例。[38]該書以盧梭《民約論》、亞當・斯密《原富》為著作的思想骨幹，介紹天賦人權、主權在民、三權分立等民主政治理念，並從中國相關經典文獻，如《周易》、《詩經》、《春秋》、《論語》、《孟子》中的義理，到近人如魏源、龔自珍的言論輯錄與盧梭之民主契約思想相比附。其透過中國儒學經典為手段，而達致宣揚革命之目的至為明顯，亦可視為林氏信奉法式革命思想之例證。

## （一）中國白話報

「中國教育會」的機關報，最早有《蘇報》、《國民日日報》等，其後便是由林白水和劉師培主編的《中國白話報》、《俄事警聞》和《警鐘日報》。《中國白話報》創立於一九〇三年，為林白水於創會後不久即著手創辦的白話報，辦報方針大致延續《杭州白話報》之方向，以長篇政論文章為體裁，內容包括歷史掌故類、實業思想論、社會風氣改革、革命思想、中外紀聞等，現分類說明之：

### 1 歷史掌故類

一如《杭州白話報》之風格，林氏好以其擅長的國學知識為武器，藉歷

---

37 〈癸卯留日學生軍姓名補〉，載馮自由：《革命逸史》第五冊（臺北市：臺灣商務印書館，1969年），頁34-39。

38 該書一九〇四於上海鏡今書局刊，參張靜盧主編：《中國近代出版史料》初編（上海市：群聯出版社，1954年），頁162。

史故事為譬喻，月旦時政。在《中國白話報》當中，〈歷史〉、〈黃帝傳〉二文則較具代表性。當時該報的立場，我們可套用劉師培在本報第十期的〈學術〉一文清楚理解，在論及一個真正維新者應具備的條件時，劉氏主張應「講學術、講民族、主激烈」。[39] 而林白水在該報的文筆，亦具有強烈的「排外」民族主義。如〈歷史〉一文，林氏便引用世界歷史上各民族國家受異族統治壓迫為例，暗中反對滿清異族統治。該文的第一章〈人種〉，更明確指出中國人種與滿族人種起源之不同，以論證滿漢兩族為不同人種之說：

> 亞細亞一洲黃種也多得很，卻有許多黃種跟我們中國不相干的……大約這亞細亞人種，可分做兩派，一派叫西伯利人種，一派叫做支那人種。這支那種又分做三族，第一叫做漢族，第二叫做西藏族，第三叫做交趾支那族。那西伯利人種也分做四族，第一叫做日本族，第二叫通古斯族，第三叫做蒙古族，第四叫做土耳其族。我們中國人叫做漢種，所以除了漢種以外其餘那許多羅羅嗦嗦的種族都跟我們祖宗不相干的。[40]

林氏從文中引用當時流行的人類學的人種學說，區分漢人與滿人在種族上之別，以達致其鼓吹「排滿」的目的，這種以史論政的文章，是林氏在《中國白話報》中的常見寫作手法。

## 2 實業思想類

晚清時期，實業救國、商戰是維新派的主流思想之一。林白水在過去杭州亦曾擔任養蠶學堂的教習，深知興業救國之重要，故在《中國白話報》中對鼓勵養蠶興業的言論亦不少，主要文章包括〈養蠶大發財〉、〈談絲〉、〈蠶業上最要緊獲利的法子〉、〈制種的大利〉、〈屑繭制絲的法子〉等。〈養蠶大

---

39 〈學術〉，《中國白話報》第10期。
40 林偉功主編：《林白水文集》，頁36-37。

發財〉文中詳細討論了養蠶的好處，並且對以往中國養蠶的弊端及養蠶的新方法，如何保存蠶子、分辨蠶子及賣繭須注意之事項等多作討論。〈談絲〉一文則從織造、絲產地、絲價變動、絲廠規模、廠地選址、繅絲的方法等等皆有詳細說明。〈業上最要緊獲利的法子〉、〈制種的大利〉、〈屑繭制絲的法子〉等文，則是教導民眾如何養蠶取絲技術的文章。[41]

## 3 社會風氣改革

軍國民思想亦屬維新派主張的重要思想，在〈論改革社會〉、〈論開風氣的法子〉、〈論社會改革〉一文中，林氏提出中國社會應改革成為三種社會：學生社會、軍人社會、女子社會，概括言之，實質與梁啟超提出的軍國民社會相近似。學生社會，林氏認為當時中國教育制度出現不少問題，官學有受官方限制學習的問題，故應鼓勵民間私學，以達致民眾教育的自主自立。軍人社會，即提倡兵民合一，實行國民服民役的制度，並令軍人明白國仇、國恥，以效忠國家。女子社會，女子須學者知識，獲得自我謀生之能力，女子質素之提高，自然能幫助提升人種素質。其總結時之引文可作概括：

> 倘然能夠照我以上的說話，把這三種社會逐漸的去改良，不過一二十年，中國的國民必定可以添了許多，那國運自是一天一天興旺的了……總歸一句說話，叫做興學。學生社會有了實學，自沒有各種的毛病，軍人社會能夠看看報，自沒有許多的腐敗，女子社會能夠讀讀書，自可以增長她的知識，為眼前打算，可以治家，可以謀生，為將來打算，可以產出好孩子，造就大國民，這等事都是非同小可的。[42]

## 4 革命思想

鼓吹革命為《中國白話報》創辦之主要目的，故此，在該報中，宣傳革

---

41 林偉功主編：《林白水文集》，頁36-37。

42 林偉功主編：《林白水文集》，頁157-161、184-186。

命的文章尤多，其中以〈論刺客的教育〉、〈玫瑰花〉二文，正好作為反映該
報強烈革命思想的代表。〈論刺客的教育〉一文，為中國教育會宣傳招攬刺
客的宣傳文章，當時以蔡元培為首之中國教育會明辦教育，實質暗中訓練學
生暗殺之技巧，從事革命。[43] 林氏作為該會之創會成員，自然有責任在機關
報中大力鼓吹刺客教育的必要性及其優點。他在文中指出，刺客只要透過一
定程度的政治思想的灌輸、迷信宗教觀念的破除、誘導歷史的信仰（即印證
歷史上之正義刺客以自我說服）、練習武健之體魄、增進科學的知識（如化
學、炸藥之製造）等，便能成功訓練和教育出好的刺客。而且林白水更列出
用刺客的五種好處和兩個意義，從中亦可了解革命黨人當時多以暗殺行動為
爭取政治訴求的原因：

> 第一成功容易，現在明白的人一眼見這種黑暗政府、黑暗官吏，哪一
> 個不想革命？但革命斷非一次就可以成功的。而且此時各種學問都沒
> 有預備，各處人心也不能齊一，各等社會的意見更是參差不齊。所以
> 談起革命雖然沒人不喜歡，但由我看起來，現在還是鼓吹革命時代跟
> 預備革命時代，並非實行革命時代。這時候做革命的過渡就是刺客，
> 這刺客的頂容易成功的。第一不要多化（花）錢，第二不要多聯團
> 體，第三不致惹外人干涉，第四不致憂慮地方多殺人命，第五可以儆
> 百。有了以上這五件好處，你看這成功容易不容易呢？[44]
> 第二名譽光榮。現在的中國人，你叫他去革命，他都道這是造反的事
> 情，是很不體面，很不上算的⋯⋯如今人談起荊軻轟政，沒有一個不
> 佩服，這豈不是千古流芳的大好漢麼？⋯⋯你們若要死後的名譽，除
> 了做刺客再也沒有好封典了。
> 第三可以保人類的幸福促社會的進化。⋯⋯法國革命黨首領丹頓，曾

---

43 俞子夷在憶述「中國教育會」時亦有提及，當時會內所辦之學社，皆向有意當刺客者暗
中提供化學及炸藥知識訓練，包括愛國女學的女學生。詳參〈俞子夷記愛國女學與光復
會〉，載陳學恂主編：《中國近代教育史教學參考資料》上冊，頁627-630。
44 林偉功主編：《林白水文集》，頁170-171。

在議院對眾說道：「要想致人民於安全的地位，非用非常猛烈的手段不可。」……可見如今要保人民的幸福，非做刺客不可。……倘能將以上阻止社會進化的各種有力有勢的人物，一人給他一刀吃吃，那社會的進化也不曉得有多少快的速率了。[45]

〈玫瑰花〉是連載於《中國白話報》的小說，故事講述玫瑰村內一名女子及其革命黨人的起義故事。小說中女主角英勇自主，正好反映當時中國教育會所主張之女子社會思想，可視為鼓勵當時中國女性參與革命之作品。

### 5 中外紀聞

在《中國白話報》當中亦開始以短文方式摘錄國內外之報章、電報所提及政治事件。如〈半月紀事〉一文，林白水於文中即開宗明義稱〈半月紀事〉實為「新聞」之意。這是《杭州白話報》中未有的，而這個新聞摘錄的方式，亦是《俄事警聞》和《警鐘日報》常用的報導方式。[46]

## （二）警鐘日報

一九〇四年，俄國在東三省勢力日益擴展，國人莫不以保存東三省為己任，展開一系列的抗俄運動，當時林白水亦聯同劉師培、蔡元培等人，創辦《警鐘日報》。[47]提及《警鐘日報》，則必須提及早在其前身出版的《蘇報》及蘇報案。《蘇報》創於一八九六年，為當時革命派勢力主要的政論報刊之一，充當了「愛國學社」的機關報。一九〇三年，《蘇報》因清政府的打壓而停刊，後來教育會轉以《國民日日報》為機關刊物，人稱「蘇報第二」，

---

45 林偉功主編：《林白水文集》，頁206-207。

46 林偉功主編：《林白水文集》，頁128-130。

47 有關林氏參與創辦《警鐘日報》一事，根據《劉申叔先生遺書》序文中，蔡元培云：「前八年，（劉申叔）與林君獬主持警鐘報社」，錢玄同：「甲辰，（劉師培）與蔡子民、林少泉（獬）諸君撰《警鐘日報》」，載劉師培：《劉申叔遺書》（上海市：上海古籍出版社，1997年），頁18、28。

於同年六月創刊，及至一九〇三年尾，又因故停刊。[48]一九〇三年十二月，因東三省問題日趨緊張，教育會組織對俄同志會，並刊印新的機關報——《俄事警聞》以針砭時局，第一期刊行於一九〇三年十二月十五日，由鏡今書店老闆出資，並由王季同（生卒不詳）、蔡元培、劉師培、林白水、陳去病（1874-1933）、柳亞子（1887-1958）等人創辦。同年二月二十六日，日俄開戰，《俄事警聞》改名為《警鐘日報》，進而觀察日俄在華之動向。

兩分報刊雖名字不同，但其創辦之目的及刊行之時間實有賡續之意味。《俄事警聞》一報由於讀者群廣泛，故在限定語言格式上亦有所規範。一方面，它延續了《中國白話報》風格，普告國民的文章，可選白話或文言；告官府、讀書人用文言文；而告一般下層社會民眾（如父老、女子、兵丁、盜賊等）的文章，則規定用白話文，目的為方便一般大眾看報聽報。除此以外，報中更附有圖說一欄，以圖畫加上白話文解說，生動描繪時弊。現時所知，《俄事警聞》和《警鐘日報》二分報紙之編著為林白水，而時政篇多由劉師培操刀，至於白話文的文章，多由林白水撰寫。

## 五　林白水的政治轉向

一九〇五年，林白水再次赴日進修，不同於一九〇三年那一次短期學習，是次林氏進入了早稻田大學進修法律，輔修新聞學，為長期進修。在此時期，林白水的思想經歷了重大的轉變，即由最初之宣揚革命轉而贊同清政府之君憲改革。

林氏在一九〇五年赴日後，當時仍積極參與在日本的同盟會重組事宜，

---

48 有關蘇報案的詳情，可參周佳榮：《蘇報及蘇報案：1903年上海新聞事件》（上海市：上海社會科學院出版社，2005年）；另參李仁淵：《晚清的新式傳播媒體與知識分子》，頁289-312；另外關於中國教育會及其組織、機關報之運作，可參桑兵：《清末新知識界的社團與活動》，頁196-237。另清末上海之革命組織及其活動情況，可參Mary Backus Rankin, *Early Chinese Revolutionaries: Radical intellectuals in Shanghai and Chekiang, 1902-1911* (Cambridge, Mass: Harvard University Press, 1971), pp.48-72。.

當時更與逃亡留日的孫中山接觸，並經常共同組織活動。孫中山更曾贈「博愛」二字墨寶予白水。一九〇五年末，由於在日學生之反俄抗日風潮所影響，清廷與日本政府合作共同壓制抗議之學生。一九〇五年十一月二日，日本文部省頒布《清國留日學生取締規則》，為反抗日本政府無理規定，林氏於次年退學返回上海從事翻譯工作。從一九〇六至一九一一年間，林氏因光復會與同盟會之黨爭而逐漸退出革命活動，並開始於上海從事長時期的翻譯工作。一九〇七年開始翻譯和出版《日本明治教育史》，及六本以歐洲歷史人物為主角的《少年叢書》系列，由商務印書館出版，內容多以歐洲成功自立的民族主義英雄為題材，如促成德國統一的首相畢斯麥（Otto von Bismarck, 1815-1898）、對抗拿破崙（Napoléon Bonaparte, 1769-1821）侵英聯合艦隊的英國海軍中將納爾遜（Horatio Nelson, 1758-1805）等，這些人物皆為對外族侵略的民族英雄，書中帶有鼓勵國人民族自立的教育意味。[49]除此以外，又譯有《自助論》等，皆為對社會改革、國民風氣有益的書籍。

　　一九〇八年以後，林氏的思想出現轉變，放棄了以往排滿之理論，並與君憲派同道。由於林氏在性格及理想上屬於國粹派，其保種、排滿、存國學的思想，在其早年革命言論上亦所在多有。[50]故此，可以肯定其為國粹派之其中一員。而林氏政治態度之轉向，實與其志同道合的友人章太炎（1869-1936）、劉師培等與同盟會之不和有重大關係。林氏早年參與革命之團體為光復會，核心人物以國粹派人士為主。後來光復會與同盟會在革命方式及觀念上產生分歧，進而產生分裂，一九〇八年以後，劉師培入端方（1861-1911）幕，轉而支持君憲，由於劉與林白水之仕途及政治理念相近，雖無確鑿證據，但林氏之轉向與劉師培支持清室，有一定影響。

　　在一九〇八至一九一〇年，林氏的文章多刊於立憲派的機關報刊《東方雜誌》。文字以文言為主，主要討論滿清預備立憲，有關政體之事宜。現存

---

49 梁敬錞：〈林白水先生傳略補遺〉，頁38。

50 有關劉師培和林白水等國粹派在晚清的政治主張、理念和革命目的，可參鄭師渠，《晚清國粹派：文化思想研究》一書，書中內容多有論及章太炎、劉師培、黃節、鄧實、林獬（林白水）等人革命主張與國粹思想的關係。

的文章主要有〈各國小學教育統計表〉、〈借款築路問題〉、〈籌備憲政問題〉、〈政治之因果關係論〉等。[51]晚清末年，政府急思改革，於是政府借款修築鐵路、籌備立憲之緩急輕重，成為重要的討論問題。〈借款築路問題〉一文，林氏乃就借款之類別、鐵路之類別、利害、修築之辦法、修築之條件，並以美日及埃及之分別借債築路之歷史，加以說明憲政完備之重要。〈籌備憲政問題〉一文，[52]則從中央、地方憲政之種種問題加以陳述，提供解決方法。然而，此時林白水亦並非只對清政府建言，亦有進諫時弊的言論，〈政治之因果關係論〉一文從近代以來之治亂因果（太平天國之亂、鴉片戰爭、甲午戰爭）為例，說明政局不修，帶來的政治、社會問題，並引宣統二年（1910年）之政治問題為例，勸諫清廷引以為戒，勿蹈覆轍。

## 投筆從政

一九一一年，辛亥革命成功，中華民國成立，各省紛紛成立自治政府，林白水曾留學日本修讀法律，福建都督府政務院乃延聘林氏為法制局局長，並成為共和黨福建支部長。期間林氏負責為閩省編寫《法典》，參與地方司法制度之建設。[53]

一九一一年，林氏參與由法制局主持的全國文摘式期刊《時事選刊》，負責編輯工作。一九一二年，袁世凱（1859-1916）就任大總統，當時國民黨與北洋派系之潛在競爭激烈，府方為與國民黨的革命黨人抗衡，乃積極羅致立憲派人士支持袁政府，其中尤以禮遇梁啟超為著。[54]當時閩浙不少支持君憲的知識分子，如嚴復、林長民等人皆為共和黨員，而林白水基於當時之政治理念與梁啟超之君憲理念相近，加上福建、浙江之君憲派多為共和黨

---

51 林偉功主編：《林白水文集》，頁228-243。

52 林偉功主編：《林白水文集》，頁228-243。

53 鍾碧容：〈林白水〉，載李新、孫思白主編：《民國人物傳》第4冊（北京市：中華書局，1978年），頁312；林偉功：《林白水文集》，頁首；另參陳與齡：〈林白水先生傳略〉，《東方雜誌》第32卷第13期（上海市：1935年）。

54 張朋園：《梁啟超與民國政治》（臺北市：中央研究院近史所，2006年），頁59-94。

人，亦加入共和黨，並擔任地方支部長，一九一三年初，國會進行選舉，林白水乃代表福建省之共和黨代表當選為眾議院議員。不久，很多共和黨人皆成為袁世凱府院內閣官員，而林白水被任為總統府秘書，兼直隸省督軍署秘書長。一九一三年十二月十五日，任政治會議議員。一九一四年任閩省幫辦軍務善後。一九一五年十月，任參政院參政。林氏在此時期較矚目者有兩件大事。其一，是他受聘於袁世凱旗下任職，並作為參預機要的總統府秘書。其二，一九一五年袁世凱以楊度為喉舌，鼓吹稱帝言論。時林白水與劉師培皆對此大力鼓吹，劉著《君政復古論》，而林亦成為籌安會內福建省代表。

　　針對此時期林氏思想之轉變，我們或可從國粹派對反滿革命的主張理解。林白水早年所堅持的革命理念，雖亦有制度上贊成民主之言論，但對國會的君主立憲制度，並沒有強烈反對。他與國粹派等人（包括劉師培）當年參與革命最主要的主張實為「反滿」、「排滿」。這種思想與一心最終只要求建立民主政府的同盟會革命派成員在政治理念上實有根本分別。故此，在清末改革憲政，宣布成立國會之時，國粹派即傾向於支持立憲，而與理念本不相同，而又互為言論攻擊的革命黨分道揚鑣。

# 六　晚年的林白水的言論

　　一九一六年，袁世凱稱帝失敗，不久旋即去世。在袁氏身後，支持袁氏稱帝之知識分子，如其友人劉師培、嚴復等幾陷囹圄。同年八月，林白水辭去共和黨議員職務，專心從事新聞工作。在一九一六年開始，直至一九二六年他去世為止，是林白水從事新聞工作上的另一個高峰點。在此十年間，他在友人的協助下，開辦了幾分北京有名的報紙，包括《公言報》、《平和日刊》、《社會日報》、《新社會報》。

## 1　公言報

　　一九一六年九月，林白水與王士澂（生卒不詳）等人創立《公言報》，該報為安福派系軍閥段祺瑞（1865-1936）資助報章，言論雖亦有批評政府

之處，但主要仍以支持安福系統之言論為主。其言論之特色者，大概可分為
以下幾項：

## （1）親北洋政治言論

　　《公言報》作為安福系統的支持報刊，對其政府自當支持，報中有
〈「同意權」廢止論〉、〈府院問題〉、〈府院權限問題論略〉等文，站於安福
派系之立場，一一駁斥，如當時總統黎元洪（1864-1928）與內閣總理段祺
瑞因《憲法草案》修約而引起府院之爭。林白水乃撰文以《臨時約法》責任
內閣制的角度，支持合肥行使總理權，此一例也。[55]

## （2）多講外交問題

　　北洋政府時期，適值歐洲第一次大戰之爆發，國人對中國借參戰收回主
權及租借地等，皆抱有希望。林氏早年作為民族主義之支持者，對收回治外
法權、租借地等自當亦有期待，故在《公言報》中亦有為數不少關於外交問
題之文章，多圍繞第一次大戰及中國之主權問題而言。如〈中國加入戰團問
題〉、〈外交之預備〉、〈加入戰團之真解〉、〈俄國政變與我之外交方針〉、〈今
日我應繼美向德宣戰〉等。[56]

## （3）對國民黨之撻伐

　　袁世凱死後，南北之爭於國會內仍甚激烈，林氏乃對國民黨之與北洋政
府對抗，多有批評。如在〈復辟始末記〉中提及「共和以還，彼國民黨之暴
戾無論矣」、[57]又〈本報對於時局善後之主張〉中，「舉凡國民系暴烈搗亂之
行為均引為大恥」。[58]對林氏而言，國民黨與北洋之對抗令國家陷於分裂，亦
令北洋政府陷入困境：

---

55　林偉功主編：《林白水文集》，頁244-377。
56　林偉功主編：《林白水文集》，頁244-377。
57　林偉功主編：《林白水文集》，頁310。
58　林偉功主編：《林白水文集》，頁313。

吾今更得為國民系告焉，民國成立以來國民系之罪惡固已罄竹難書，雖腹之者不能為諱矣。項城初任之時，雖蓄野心猶畏清議，民黨領袖如孫、黃輩皆曾卑辭厚禮羅致京師，表示聯絡親善之意。假令國民系能以國家為前提，利用項城之權力漸引而使趨於正軌，未始無政治修明之望也。[59]……（國民黨人）以質問權、同意權為武器，以督軍團、公民團為口實，甚至以國家生死存亡之問題，若對德外交政策者亦復始予終靳，不惜藉此為倒閣之資。合肥免職之日彼輩趾高氣揚，幾以為今後可以唯吾所欲為矣。

從以上之政論，可見林氏對國民黨之立場及政見。成舍我曾憶述當時《公言報》的辦報特色為「政治氣氛最濃，言論鋒屬，當者披靡」。與當時日人創辦的《順天時報》，國人創辦的《北京日報》、《晨報》、《益世報》等並駕齊驅，為北京政論界之代表。[60]

## 2 平和日報

一九一九年二月，為配合召開的南北和平會議，林白水於上海創立《平和日報》，內容多報導關於和平會議之進度及主筆林氏個人之政見，當時《平和日報》之言論，對時局亦有一定影響，「南北代表所主張，皆以《和平日刊》（即《平和日報》）為依歸焉」。[61]同年四月二十七日，由於和平會議久沒成果，歷時二個多月的《平和日報》終告停刊。在此段期間，《公言報》仍繼續運作。

## 3 新社會報、社會日報

一九二〇年爆發的直皖戰爭，段祺瑞戰敗下野，安福系亦隨之瓦解，失了去資金來源的《公言報》最終於七月二十一日宣布閉刊。翌年春，林白水

---

59 林偉功主編：《林白水文集》，頁314。

60 成舍我：〈林白水傳序〉，《傳記文學》，第15卷第5期（臺北市：1969年11月），頁34。

61 陳與齡：〈林白水先生傳略〉，頁112。

在財政總長周自齊的支持下,與胡政之共同創辦《新社會報》。[62]

《新社會報》成立於一九二二年五月一日,該報創刊之時,北京仍爆發學潮,另外,軍閥混戰問題亦更為加劇,外交問題亦成為國內之焦點,這些內容皆成為《新社會報》關注之主要事項,包括:

## 1 教育問題

〈學校將再演罷學風潮矣〉、〈可注意之學校罷工問題〉、〈教育基金獨立與教育獨立〉、〈請教育界諸君詳細考慮〉、〈學潮應趕快收拾〉諸文,一方面批評北京政府干預教育界獨立,另一方面勸喻學界冷靜處理教育問題。[63]

## 2 批評時局

以〈祝雙十節〉和〈吾人所希望於張巡閱使者〉最為矚目,一九二二年適逢民國成立十國,然政局混亂,林白水乃撰文在慶祝國慶之餘,藉〈祝雙十節〉一文,痛批軍閥之暴政:

> 像這樣橫暴的軍閥,貪鄙不法的官吏,驕奢淫佚的政客流氓,豈是有長久生存的命運,充其量再有三年五年,也就凶短折老病死,滾他娘的蛋了。[64]

〈吾人所希望於張巡閱使者〉一文,對當時佔據北京的張作霖提出批評和提出改組內閣、裁兵建議。[65]

## 3 外交問題

〈國民的大示威運動〉,適值太平洋會議開幕,呼籲全國組織愛國運

---

62 鍾碧容:〈林白水〉,載李新、孫思白主編:《民國人物傳》第4冊,頁312-313。
63 林偉功主編:《林白水文集》,頁455-484。
64 林偉功主編:《林白水文集》,頁477-478。
65 林偉功主編:《林白水文集》,頁481-482。

動，以排貨、示威為手段，爭取收回主權。[66]

軍閥混戰時期，辦報者易遭報禁，處處受政府管制。[67]報界史專家戈公振（1890-1935）在一九二三年八月發行之〈中國新聞業之將來〉一文，引述當時美國密蘇里大學出版之《中國之新聞事業》一書說明當時中國新聞事業之困境：「目下之中國新聞事業，因種種情形，頗多障礙。政治極為混沌；各省督軍，權力無限；報紙須受外人之保護」。[68]當時林白水剛成立之《新社會報》亦面對以上之問題。一九二二年初，林白水因揭發吳佩孚（1874-1939）搬運飛機炸彈及鹽餘公債，遭北洋政府勒令停刊、林氏亦被囚三個月。

經歷查禁一事後，復刊的《社會日報》不但沒有收起筆鋒，相反言論更為激烈，其中尤以批評軍閥政治之混亂為主。一九二四年，曹錕（1862-1938）下野，林白水撰〈哭與笑〉痛批曹氏之亂政。相反，對南方的國民黨政權，林氏言論開始抱持希望，如〈大家須注意廣州國民政府〉一文，尤其能反映林氏對軍閥之失望，以及對北伐軍統一中國之期待：

> 依吾人眼光觀察，廣州之蔣介石，恐其不久即將統一兩廣及閩，或西南。此第一步成功後，即將統率軍入湘，由湘入鄂，以達其多年口頭「會師武漢」之目的，蓋以今日軍閥相斫之勢情觀之，此輩不久即將自斃，而我方政府如是之腐敗，人心如是之奸貪，彼蔣介石乘其方新之氣，摧枯拉朽，掃穴黎庭，以奄有中國固甚易易。[69]

一九二六年八月五日，《社會日報》之最後一篇時評為〈官僚之運氣〉，亦為林白水招殺身之禍的絕筆。文中暗指張宗昌（1881-1932）與潘復（1883-

---

66 林偉功主編：《林白水文集》，頁479-481。

67 Lee-Hsia Hsu Ting, *Government Control of the Press in Modern China, 1900-1949* (Cambridge, Mass: Harvard University Press, 1974), pp. 49-78。

68 戈公振：〈中國新聞事業之將來〉，《東方雜誌》第20卷第15期（上海市：1923年8月）。

69 林偉功主編：《林白水文集》，頁1012。

1936）勾結之事證，並揭露潘氏貪污之事。林白水當晚旋即為張宗昌之部下王琦（生卒不詳）逮捕，《社會日報》報館亦遭查封，該晚隨即進行了軍事審判，林被判「通敵有據」，翌日清晨，林氏留下遺囑後，即於市內橋槍決，享年五十二歲。[70]

關於林白水晚年私德之討論與其為張宗昌槍殺之原因關於林白水個人評價問題，一般研究對於他早年從事革命運動基本上是肯定的。他備受爭議的部分主要在於擔任袁政府官員及民國年間所辦報刊的操守問題。自一九二六年死後，大部分報章上的輿論，如《密勒氏評論報》（The China Weekly Review）、《中國日報》（China Daily）、《時報》、《申報》等，由於林白水的因言入罪，壯烈犧牲，故新聞輿論界皆報導正面，如《密勒氏評論報》引述外文報紙 North China Star 稱林氏為「傑出、受高深教育、勤奮、無畏及無私地對大眾作出奉獻」的新聞從業員。[71]而當時之報界亦往往將林白水與邵飄萍（1886-1926）被張宗昌槍殺之遭遇相提並論，喻為「白水青萍」。[72]當時天津報界更為林白水舉行追悼會。[73]可見早期對林白水的評價大多是正面的。

然而，後來的相關研究卻又指出，林白水辦報目的並不單純，甚至有與政客勾結或以言論威脅政治人物之嫌。最早提出的是丁徐麗霞（Lee-Hsia Hsu Ting），她引用胡政之（1889-1949）對林白水的評價，認為其人缺乏原則、言辭骯髒和對金錢極度揮霍。為維持其生活，林像邵飄萍一樣，經常製造黑函及醜聞攻勢對付其政敵和一些不受其勒索的政治人物。[74]像這些認識林白水的故人憶述，其實並不限於胡政之，掌故學家高伯雨亦曾撰〈林白水與生春紅〉一文，當中提及認識林白水的故友對他的觀感，例如林氏的友人

---

70 有關林白水因言入罪而被逮捕一事，當時林白水的好友，報人成舍我曾撰文憶述其過程，今不贅述，詳參成舍我：〈林白水傳序〉，《傳記文學》第15卷第5期（臺北市：1969年11月），頁33-35。

71 The China Weekly Review, Vol.37. No.12, 21 August 1926 .pp.289-290

72 林溪聲、張耐冬：《邵飄萍與「京報」》（北京市：中華書局，2008年），頁229-238。

73 《時報》（天津），1926年8月25日，第一張。

74 Lee-Hsia Hsu Ting, Government Control of the Press in Modern China, 1900-1949, pp. 59-61。

徐彬彬謂：「林白水是有才氣的，他罵潘復、張弧等人罵得多了，他們都送錢給他的報館來閉他的嘴，那是人所共知的事」。[75]高氏之文一出，自然對林氏之聲明有所折損。後來果然惹來白水之女林慰君發表聲明一則，並針對其中三點謠言作出澄清，為其父辯護：（1）中傷林氏之人與他有私怨；（2）道聽塗說，附會、推測；（3）潘復、張宗昌惡意中傷，以合理其殺害林的理由。[76]

　　現時評論林白水有否威脅政客收受金錢，以作「潤筆」，由於年代久遠，現在已很難查證。[77]但我們不妨從當時報業之風氣及歷史事實上作一些側面觀察。辦報必須資金，作為知識分子，辦報背後往往須以政團、商人作支持。例如林白水之辦《公言報》，亦有收受政客之資助。[78]但是，收受資助與以言論威脅收受金錢又是兩碼子的事。綜觀林氏一生，他晚年家境並不富裕，就連辦報的資金亦十分緊絀，由是才會出現後來林白水在《社會日報》設一副刊《生春紅》以賣文維持辦報之舉動。[79]倘若他真有勾結或威脅政客、軍閥之舉動，其生活環境亦不至如此困苦。再從其一貫的言論觀之，他對政治人物之批評從來未有稍為鬆懈，即便《公言報》為安福資助之報，然文章對段政府仍多有監督批評之處，似未有嚴重勾結的跡象。

　　另外，《社會日報》後期之評論，對軍閥之批評甚烈，時值國民革命軍北伐，而林白水對北伐軍之北上亦抱有希望，多有撰文以期待政府之統一。張宗昌後來槍殺林的理由，為敵人宣傳，「通敵有據」，或就是指林言論上傾向國民黨革命軍而被殺。故此，林氏之死是否正如丁氏與高伯雨所云，純粹因敲詐潘復不遂而遭張宗昌報復，仍存有莫大疑問。

---

75 張伯雨：〈林白水與生春紅〉，《大成》第8期（香港：1974年7月），頁22-25。

76 林慰君：〈關於「林白水與生春紅」的聲明〉，《大成》第9期（香港：1974年8月），頁16。

77 近年中國近代新聞史研究成為顯學，有關民國初年新聞工者的人物研究備受重視，例如邵飄萍研究方面，已有專著問世，對邵氏為新聞界所作的貢獻作正面運價，參林溪聲、張耐冬著：《邵飄萍與「京報」》一書。

78 當時有政客諷林白水的言論「朝三暮四……志在覓食」，鍾碧容：〈林白水〉，載李新、孫思白：《民國人物傳》第4冊，頁312-313。

79 張伯雨：〈林白水與生春紅〉，頁22-25。

# 七 結語──對林白水的評價

十九、二十世紀之交，中國正處維新與革命風潮，當時之志士莫不以變革為職志。從林白水一生之經歷所見，其一生於福州、杭州等地響應維新，興辦新式學堂教育，其後又籌辦革命團體並創辦《杭州白話報》，宣傳革命，成為清末地方新式文教建設之貢獻者。

一九○二年以後，林氏移居上海，積極參與革命活動，創設《中國白話報》、《俄事警聞》、《警鐘日報》，後負笈日本，協助革命之推動。回國以後，又負責翻譯啟蒙國人的著作，對引進西方知識作出貢獻。由是可見，林白水對中國早期革命事業、中國新聞界，以至於杭州、福建的文教建設，皆有著深遠影響。而且，其建設往往成為時代風氣之先聲，例如白話報、中國教育會、蒙學堂、社會日報等，皆成為一代之潮流。

民國肇始之際，林白水政治思想上雖轉趨擁護保守政治勢力，為袁項城事，但仍不忘協助推動福建地方之法制建設。及至一九一六年退出政壇後之十年，一直活躍於報界，成為北京報界之言論健將，所辦之報針對時弊，對批評、監督政府一直不遺餘力。縱使林氏或因其政治取態的轉向而備受後世批評，令其一生評價惹來爭議。但無論如何，林白水作為近代的重要知識分子和文化人，對中國近代新式事業之推廣實貢獻良多，仍是值得後世為他的生平留下公正、客觀的記錄。

# 第四章

# 晚清幕僚與文史名家：論陳衍之生平與事功

　　陳衍（1856-1937），字叔伊，號石遺老人，福建福州府侯官縣人，為清末民國時期的重要文史學者。除此以外，他亦是晚清時期的政治家，曾入幕於多位名臣帳下，如張之洞幕，於晚清新政史上留下足跡。陳衍於後世留名，與他的詩學名著《石遺室詩集》有著重要關係，而以其詩文及學術論著所作之文本研究，亦所在多有。[1]然而，對他本人在晚清的政治生涯、民國時期的生活經歷、與及其他文史研究等，則較少注意和深入討論。故本文試從陳氏之生平與事功為切入點，以其仕宦生涯及文史研究兩方面，探討其與中國近代史發展的關係。

　　綜觀陳衍一生，從學習到出仕，及至晚年著書講學，歷經數地；本文以不同陳氏所任事之地點，以五個不同階段分別論述其不同的事功，包括：一、家世與教育；二、仕宦生涯；三、張之洞幕府之生涯；四、京官生涯；

---

1　現存關於陳衍的研究成果，多集中以《石遺室叢書》（包括文集、詩話、詩集）為文本，對詩學、詩論進行研究，參周薇：〈二十世紀以來陳衍研究述評〉，《學海》第5期（南京市：2007年），頁176-183；林增雲：〈近三十年來陳衍詩學研究之回顧與反思〉，《閩臺文化研究》總第40期（福建：2014年），頁107-113。至於以其生平研究為主的作品則不多，專論暫時只有則陳槻：《詩人陳衍傳略》（臺北市：林森縣文教基金會，1999年）一部，另外周薇在其研究陳衍文學的專著中，亦有序章簡介其生平，參氏著，《傳統詩學的轉型：陳衍人文主義詩學研究》（上海市：三聯書店，2006年）。另外，現存談及陳衍的部分作品則以遺老群體研究為本，引陳氏例子加以伸論，例如林志宏、林立等學者，他們在研究清遺民課題中，以遺民詞、遺民結社等角度入手討論，參林志宏：《民國乃敵國也：政治文化轉型下的清遺民》（臺北市：聯經出版事業公司，2009年）；林立：《滄海遺音：民國時期清遺民詞研究》（香港：中文大學出版社，2012年）。

五、遊學四方；六、文史言與著述等，下文首先論述其家世與教育之背景。

# 一　家世與教育：國學基礎與經世思想之形成
　　（福州，1856-1886）

　　陳衍出身的家族為清代福州世家之一，據《侯官陳石遺先生年譜》的記述，陳衍家族原籍於泉州晉江，自順治年間，移居至省城福州。先祖陳奇珍（生卒年不詳）為軍官出身，於清初遠征臺灣戰役中陣亡，因軍功緣故，陳家獲清廷策封世襲雲騎尉，此後乃定居於三坊七巷，家族子弟「皆積學未仕」。[2]陳氏一門在舉業上沒有刻意經營，因此至陳衍一代，相對於其他福建世家大族而言，名氣較小。然而，為維持家族名聲，他們常與地方大族聯為姻親，例如陳衍父親陳用賓（1806-1865）將家中的女兒嫁與沈葆楨長子沈瑋慶（1842-1880），而沈家又與福州地望林則徐（1785-1850）家族、陳若霖（1759-1832）家族等有密切關係。[3]可見，陳氏一族的影響力雖未能與以上所提及的世家相比擬，但其家族在地方經營的人際關係，對日後陳衍在維新思想的孕育及仕宦發展的人際網絡基礎上起著正面作用。[4]

　　應考科舉，進而為官入仕，是福州望族維持家聲的重要手段。雖然陳氏一家官運並不如意。家族還是把科舉高中的寄望託付予陳衍及其兄長之上。據年譜所載，陳衍從小便培養起對經、史、詩文的興趣，並受到家族的悉心

2　陳聲暨編，王真績編，葉長青補訂：《侯官陳石遺先生年譜》，載陳步主編：《陳石遺集》（福州市：福建人民出版社，2001年），頁1938。

3　陳聲暨編，王真績編，葉長青補訂：《侯官陳石遺先生年譜》，頁1946。

4　就閩省地區的望族勢力及其影響，區域研究學者李國祁便曾指出，福州地方士紳階層具有明顯的宗黨色彩，而其地方權力主要集中在數個望族之中，如閩縣、侯官縣的林氏、陳氏、鄭氏等。有關福建世家望族的官學關係分析，可參李國祁：《中國現代化的區域研究：閩浙臺地區（1860-1916）》（臺北市：中央研究院近代史研究所，1982年），頁79-86。

培育。自三歲起，其父及其長兄陳書（1838-1905），[5]先後為陳衍授讀詩書。至十歲時，陳衍已熟讀《易經》、《書經》、《詩經》、《周禮》、《春秋左氏傳》等經典，並私讀唐宋詩詞和明清小說傳奇等文學作品，對其產生濃厚興趣。此一家學源流為他以後的國學根基打下深厚基礎。[6]自十四歲開始，陳氏開始為科舉考試作準備，修習律賦、六朝古文等。十九歲，又入讀福州致用書院，致力於經史、洋務與致用之道，為將來入仕作好準備。[7]然而，陳衍雖通於經史學問，卻對科舉考試並不在行。他曾三次應考鄉試，皆告落選。[8]直至二十七歲之時（1882年），他再次應考，本以為中榜落選，適逢同鄉陳寶琛（1848-1935）的清流同道寶廷（1840-1890）主持鄉試，於遺卷中取用，終得以中舉。[9]其後，陳氏連續兩屆應禮部試，皆落第。多次考試失敗，令陳氏對考取功名心灰意冷，「無意進取」；遂放棄科舉途徑，透過同鄉引薦，投奔地方督撫作為幕客，開展其政治生涯。[10]

---

5　陳衍父兄俱為舉人出身，其父用賓，為道光十七年（1837）丁酉科舉人；陳書為近代福州著名人物，早年於福州多所書院任教，並受歷任駐閩督撫器重。其後任職直隸省博舒縣知縣，有《木庵先生傳》存世。參陳衍：《石遺室詩友詩錄》，載於周駿富輯，《清代傳叢刊》（臺北市：明文書局，1985年），第27冊，頁907。

6　陳聲暨編，王真績編，葉長青補訂：《侯官陳石遺先生年譜》，頁1939-1943；陳衍：〈記先君子遺事〉，載陳步主編，《陳石遺集》，頁459-460。

7　陳聲暨編，王真績編，葉長青補訂：《侯官陳石遺先生年譜》，頁1947。另參黃新憲：〈清代福州書院特色考略〉，頁211。

8　陳聲暨編，王真績編，葉長青補訂：《侯官陳石遺先生年譜》，頁1947-1948、1951。

9　陳聲暨編，王真績編，葉長青補訂：《侯官陳石遺先生年譜》，頁1953。當年與陳衍同榜中舉者，包括鄭孝胥、林紓等人，皆屬閩省名士，與陳衍交往甚密，日後成為其文學事業上的重要知交，參王鐵藩編著，王亞青、連天雄補訂：《福建清代舉人名錄》（福州市：福建人民出版社，2011年），頁432。

10　陳衍墓志銘中記述，陳氏中舉後，「再試春官，不中第，遂無意進取」，可見科舉考試不順，對他的日後仕途發展，尤其棄科舉而從幕臣，構成重要影響。載唐文治，〈陳石遺先生墓志銘〉，載陳步主編：《陳石遺集》，頁2170。

# 二 仕宦生涯

## （一）早期幕客與報人生涯（臺灣、湖南、上海，1886-1898）

從科場失意以後，陳氏一方面以幕客為業，另則講學授徒，賣文維生。起初幕客生涯並不如意。一八八六年九月，陳衍獲時任臺灣巡撫劉銘傳（1836-1896）招為幕客，隨其左右，協助進行臺灣的「開山撫番」事業，然而二人合作關係維持不久，翌年歲末，陳氏便以「思家」為由辭官歸里，可見辛勞的臺灣開發事業並不合其本意。[11]辭去幕僚一職後數年，陳衍一直於上海、杭州、湖南等地遊歷，期間得沈瑜慶（1858-1918）和陳寶琛等人的推薦和引介，為地方名流撰寫墓志銘維生。在遊歷的同時，廣結名士，藉此打探仕事門路。一八八八年，前閩督卞寶第（1824-1893）遊閩，陳衍原屬意沈瑜慶代為向卞氏引薦入仕，卻因陳氏私自代沈氏撰文，為卞氏識破，因而對陳衍產生不良印象，遂令入幕一事告吹。[12]

次年（1889年），陳衍獲得了另一次入仕機會。是時同鄉張亨嘉（1847-1911）任湖南學政，主考府試，張氏素知陳衍經學造詣深厚，乃延請入幕，協助批閱府試考卷，並由張氏主史學、地理各門，陳氏則主經學、小學、詞賦等，凡遇二人於考卷意見有相左者，皆尊重其才學，以陳氏之意見為先。[13]是次湖南府試中，提拔的人才中，包括後來撰寫《庚子國變記》的著名詩人李希聖（1864-1905）及民國時期擔出國務院總理的熊希齡（1870-1937）等，皆為湖南的一時才俊。[14]於湖南任職一年多後，陳衍辭任幕客，轉而旅居上海。一九○○年，經引薦入當時署任上海道臺的劉麒祥（生卒年

---

11 陳聲暨編，王真續編，葉長青補訂：《侯官陳石遺先生年譜》，頁1957-1959；〈行抵臺北內山加九岸記〉，載陳步主編：《陳石遺集》，頁464-465。

12 陳聲暨編，王真續編，葉長青補訂：《侯官陳石遺先生年譜》，頁1960-1961。

13 陳衍：〈禮部左侍郎張公行狀〉，載陳步主編：《陳石遺集》，頁446。另參尚小明：《清代士人游幕表》（北京市：中華書局，2005年），頁268-269。

14 陳聲暨編，王真續編，葉長青補訂：《侯官陳石遺先生年譜》，頁1961-1962。

不詳）幕中，任職於江南製造總局（年譜稱「上海製造局」）。[15]在供職於製造局的同時，兼任上海廣方言館漢文教習，並從事經學研究。在旅居上海期間，陳氏利用當地出版之便，工餘時間努力從事寫作和研究，其中尤以經學、詩學作品為主，一八九〇年《考工記辨證》付梓、一八九一年完成《周禮疑義辨證》初稿，一八九二年《禮記辨證》付梓。在詩學方面，一八八五年，寫成《元詩紀事》，一八九六年完成補輯，俱為陳氏早期的作品。[16]

## （二）《求是報》

　　陳衍出仕後，真正為時人所留意，乃其刊登於報章中的新政言論。甲午前後，當時旅居上海的陳衍，一方面以上海訊息流通之便，易於吸收外國新資訊；[17]加上任職製造局，熟知洋務，對時局具充分掌握。同時陳衍在滬期間，利用上海的公共空間便利，與當時旅居的名士交往甚密，例如林紓（1852-1924）、高鳳岐（？-1909）、林旭（1875-1898）、沈曾植（1850-1922）、鄭孝胥（1860-1938）等，其中不少有地緣、學緣關係。他們終日暢談時事，關注局勢，形成輿論網絡。[18]甲午一役清廷大敗，引起國內志士謀求國家富強之心。時日人擬取遼東以為屬地，陳衍與林紓等人草擬陳情書，上書都察院，力陳利害，惜未獲清廷所重視。[19]陳氏遂決意以撰文論政，以經營報章為志業，透過引進外國新知，藉以改革社會風氣，於是與陳季同（1851-1907）等人共同創辦《求是報》。[20]

15　尚小明：《清代士人游幕表》，頁268-269。
16　陳聲暨編，王真續編，葉長青補訂：《侯官陳石遺先生年譜》，頁1964-1966。
17　十九世紀末二十世紀之交，上海成為公共輿論的重要基地，衍生多分主要報刊、雜誌，成為士人爭相創辦報刊之地，藉以宣傳個人主張，陳衍亦為其中之一。有關相關研究，參李仁淵，《晚清的新式傳播媒體與知識分子：以報刊出版為中心的討論》（臺北市：稻鄉出版社，2005年），頁213-224。
18　陳衍：〈林旭傳〉，載陳步主編：《陳石遺集》，頁432-433。
19　陳聲暨編，王真續編，葉長青補訂：《侯官陳石遺先生年譜》，頁1970。
20　方漢奇：《中國近代報刊史》（太原市：山西教育出版社，1981年），頁133。

　　一八九七年九月，曾遊學歐洲的駐法參贊陳季同及其弟陳壽彭（1855-
？），寓居上海，因中國甲午戰敗之故，欲圖國人習洋務、維新自強。陳衍
與二人屬同鄉，加上抱有共同政治志向，乃聯合創辦《求是報》，成為中國
早期引介國際消息和外國實業和法律知識的報刊之一。[21]陳衍受陳季同邀
請，聘為主筆，開始在滬報人生涯。一八九七年九月三十日，《求是報》正
式發行。[22]在創刊序言中，陳衍說明了創辦該報之緣起乃痛感國家積弊、民
智未開，提及「中外交涉以來，種種受虧，率坐闇於外情」。而「闇於外
情」又與國人不知外事、實業及中外法律的原因所致。因此《求是報》以翻
譯外國「格致實學，以及法律規則之書」為宗旨，希望為國人提供外國更詳
盡的法律、國情資訊。[23]陳衍又接續說明，晚清之變故，「非復常理」，因此
「鑒於古不若鑒於今，鑒於史不若鑒於報」，故創辦此報以求啟迪知識分
子，報刊中專門刊載各國新聞、格致學（如礦學植物學等）、律學（如有
〈羅馬律〉、〈拿破崙律〉、〈萬國公法〉等篇）、西方人著述等，並「仿各史
紀事本末及近人中西紀事體裁」，刪繁就簡，並附上主筆評論，以傳遞「當
世之得失」，以供「有志時務與有任事之責任者」參考。[24]

　　另外，該刊分內、外兩編，內編設：〈上諭恭錄〉、〈交涉類編〉、〈時事
類編〉、〈附錄〉。外編設：〈西報譯編〉、〈西律新譯〉、〈格致類編〉、〈製造類
編〉、〈泰西裨編〉、〈路透電音〉等欄目，該刊又連載一些著名的法律翻譯作
品，包括《拿布倫國律》、《法蘭西館報律》等，成為介紹法國國家概況的重
要參考材料。除了翻譯和引介外國資訊，《求是報》亦設有評論文章，身兼
主編一職的陳衍在每期刊中皆設不同專題的文章，月旦時政。其中具代表性
的文章有〈論中國宜設立洋文報館〉一文，於文中陳氏提出當時中國缺乏外

---

21 陳季同為晚清著名出國官使之一，著有《西行日記》，風行一時。關於其生平介紹，參
　　林公武、黃國盛主編：《近現代福州名人》（福州市：福建人民出版社，1999年），頁
　　155-158。
22 方漢奇主編：《中國新聞事業編年史（下）》（福州市：福建人民出版社，2000年），頁
　　2715。
23 陳聲暨編，王真績編，葉長青補訂：《侯官陳石遺先生年譜》，頁1973。
24 陳衍：〈求是報叙〉，《求是報》，第1冊（上海市：1897年9月）。

文報館，致使國人不諳世界時局，又未能與外國溝通，相互交流。因此陳氏認為，中國應設立外文報館，以作官方喉舌，掌握輿論。並延聘通曉中外時務之人，籌議國是。由此可見，陳衍不單視報紙為了解「夷情」的媒介，更了解報紙所具備的議政論政功能。在該誌刊行後，隨即於上海風行一時，「捐貲助刊預購者麇至」，流通遠至他省，而陳衍的洋務識見及其著名報人的名聲亦廣為士林所知。[25]

## 三　張之洞幕府之生涯（武漢，1898-1907）

在滬參與《求是報》的主編工作，令陳衍在報界、知識界廣為人知。當時有志改革官紳，多以讀報汲取洋務新知。時任湖廣總督張之洞（1837-1909），對中外時務尤為關注，因響應清廷變法、厲行新政而廣受注目。張氏讀《求是報》的文章後，對陳衍之才學甚為賞識，「必欲晤之」。適逢幕主劉麒祥病逝，原被安排調任為縣令，但陳氏欲掛官求去，另覓良主。透過私交梁鼎芬（1859-1919）的安排、同鄉陳寶琛、鄭孝胥的引薦下（梁、鄭俱為張氏的幕友，陳為張之洞的清流同志），獲得張之洞接見。一八九八年一月，陳衍遠赴湖北拜會張氏，二人一見如故，隨即重金延聘陳衍入幕，開始在鄂幕臣生涯。[26]從陳衍入幕的待遇亦可見張之洞對陳氏的重用，陳氏月薪約一百金，與漢陽鐵廠總稽核等高職顧問薪酬同級，屬於幕臣中較高級待遇者。[27]張之洞素知陳衍健筆，以往具辦報經驗，因而任命陳氏為湖北官報局總編纂，「辦理一切新政筆墨」，透過辦報積極鼓吹變法，力求樹立兩湖成為新政模範的形象。

---

25 陳聲暨編，王真續編，葉長青補訂：《侯官陳石遺先生年譜》，頁1973。

26 陳聲暨編，王真續編，葉長青補訂：《侯官陳石遺先生年譜》，頁1973-74；尚小明，《清代士人游幕表》，頁268-269。

27 黎仁凱、鍾康模：《張之洞與近代中國》（保定市：河北大學出版社，1999年），頁241。

## （一）〈戊戌變法榷議〉

　　一八九八年七月，陳衍發表了重要時政文章〈戊戌變法榷議〉，可視為戊戌政變前，陳氏向清廷上呈國家變革的建議書。全文共十章，分為〈議相〉、〈議兵〉、〈議卒〉、〈議將〉、〈議械〉、〈議稅〉、〈議農〉、〈議學〉、〈議譯〉、〈議上書言事〉十項，以下分項介紹。

### 1 議相

　　晚清倡言變法，時人提議中國應設立議院，廣納眾言。然陳衍則認為，「法之未變，患不斷；法之將變，患不謀。法之未變，患阻撓多方。法之將變，患莫衷一是」。當時中國並無議院，萬事皆決於上。考慮到當時政體限制，陳衍指出，國家變法之成敗，在於君主是否具良相輔佐之故。因此他提出，「於內而卿貳，外而督撫中，審其學識志慮，能與我皇上一德同心者一二人，爰立作相，令其隨時造膝，參與密勿，凡有條陳新政，熟與諮商，俾盡論道經邦之職，必能相助為理。」文中並列舉中外歷史名君，如堯與舜、周武王與姬旦、漢高祖與張良、明治天皇與三條實美、威廉第一與俾斯麥等，以為借鑒，並強調選拔良相為「握變法之大源」。[28]強調領導者的因素較國家制度對國運的影響更大。

### 2 軍事：議兵、議卒、議械

　　變法的重點在於強兵，即軍事實力。故於〈議兵〉和〈議卒〉二篇，陳衍指出：「處割據紛爭之天下，無兵而能立國者，未之前聞也；處割據紛爭之天下，無兵而能變法者，尤未之前聞也」。中國軍隊雖多，然而國家並無精兵，一遇外事，無精兵抵禦，雖有綠營、防勇，國家既無遍布全國之鐵路使軍隊迅速集結，而其質素亦不佳，紀律不修，徒充「備盜賊」、「防內患」的軍隊而已。因此建議「裁空糧，節餉需，挑選精壯，勤加訓練，俾成勁

---

28 陳衍：〈戊戌變法榷議〉，載陳步主編：《陳石遺集》，頁1767-1968。

旅……參用西法，訓練各軍…使各省練成能戰之兵，以備敵國外患者」。此外，時人多建議中國應設立新式海軍以自強，陳氏則反其道，認為國家應「緩籌艦隊，專練陸軍，欲練陸軍，必全撤綠營防勇」，以各省綠營、防勇軍費中節約，以資新式軍隊，參考外國之法，日本備有常設陸軍十萬，以國家體積之大小參照，應練成三十萬軍隊，「俱用洋槍快礮，選拔學堂出身之良將，訓練得法，加以械精餉足，此三十萬者，一年小成，已為可戰之兵，三年大成，可言必勝之兵，雖無海軍，強國亦當斂手矣」。[29]

除了精兵以外，在選任將帥的〈議將〉篇中提出，清廷應選任年輕約三十歲的武備學堂出身者，給予優厚薪資，為國儲備將才。在〈議械〉篇中，陳氏以其上海製造居局出身的經驗，指出中國各省之軍隊及製造局所使用之軍器物資並未精良，即以軍械改革最快之滬鄂兩地，每年所製大砲尚不足以應付所需。故其主張中國首宜擴充鋼廠，繼而漸次擴充礮廠、槍廠、藥彈廠等，否則國家無可用之軍器，於外患時往往處於劣勢。其時軍械由各省督撫自行籌辦，格式不一，應於「江海上遊，四通八達之地」，設立「中國槍礮子藥總局」及「製造大學堂」，由欽差大臣督辦，並於各省各設分局，派一總辦，由製造大臣節制。自使製造事權歸一，避免事權分散。[30]

## 3 財稅與農業近代化：議稅、議農

中國雖主張變法，然而變法不可無餉，故首要應設法開新稅以籌餉。其時「洋債如山，不圖自強，則坐以待斃。一言變法，則百廢待興」，然而清廷「抵押俱窮，告貸無路」。故須開設新稅項以資國用，陳衍主張應用陳璧之建議，開印花稅，並飭總稅務司赫德著行辦理，則可應變法財政之急用。[31]

其次為勸農，中國雖知歐洲諸國立國之本在工商，然不知其國之農務近代化亦包含其中。故曰：「農與礦皆工商根本」，「桑麻等項均為民間大利之所在」，故應「督飭地方官，各就物土所宜，悉心勸辦，以開利源」。並於各

---

29 陳聲暨編，王真續編，葉長青補訂：《侯官陳石遺先生年譜》，頁1769-1774。
30 陳聲暨編，王真續編，葉長青補訂：《侯官陳石遺先生年譜》，頁1775-1779。
31 陳衍：〈戊戌變法榷議〉，載陳步主編：《陳石遺集》，頁1780-1781。

省會設立農務學堂，聘靖洋師，教授學生，「興水利、購機器、置圖書」，研究「化電製造等法」。由此可見，陳氏已具農業近代化之眼界。[32]

## 4 教育與人才：議學、議譯、議上書言事

陳衍認為教育與人才之培育為國家改革的重要根本，故在〈議學篇〉中，他提出變法與教育的關係及重要性，曰：「科舉雖變，而學校不變，猶之未變科舉也……故中國欲興西學，學校固不可緩」。其時清廷已設立京師大學堂，陳氏主張各省應聘用中西教習，設立中小學堂。並以新式學堂與科舉制度相互配套，小學堂學生，三年學成後得生員資格，准予應考鄉試，上等者給憑為舉人，入大學堂，三年學成後會試，上等者給憑進士。進士另赴殿試，則授翰林等職。可見陳氏對教育近代化的重視，並於科舉制度與新式教育的新舊興替之間，提出此一銜接方案。

其次，在〈議譯篇〉，陳衍引張之洞勸學篇主張廣設譯館促進外文重要著述翻譯，但亦指出，當時所聘之洋翻譯月薪高昂，亦多為「中下之才」，因此，主張駐外各使館兼領譯書局，並「以出洋局學生兼充使館譯書員」，由是既可培養翻譯人才，將來留為國用，亦可提升翻譯效率，使國家復得大量有用之書。[33]

最後，陳衍在〈議上書言事篇〉提出廣開言路的重要性，指出如今朝中廣開言路，然而意見紛紜，莫衷一是。故宜於地方所採納之言論，由地方督撫加以達察，然後代達；至於地方有「卓然傑出之才，宜由督撫薦之於朝，以備大用」，則達至廣納言路與人才之效。

從〈戊戌變法榷議〉一文可見，陳衍除了對傳統經學有深厚認識以外，在國家興革的問題，包括政治、軍事、經濟、西學等問題俱有深入了解，而他雖然鼓吹變法，但其提議的方針，包括保留傳統政體、考試制度、重陸軍而輕海軍等主張，又與當時康梁變法的進取態度有別。由此可見陳氏政治思

---

32 陳衍：〈戊戌變法榷議〉，載陳步主編：《陳石遺集》，頁1782-1783。
33 陳衍：〈戊戌變法榷議〉，載陳步主編：《陳石遺集》，頁1786-1787。

想屬於溫和改革派，與幕主張之洞的想法相近，故受張氏欣賞命其辦報，開啟日後協助張氏推動湖北新政的一頁。

## （二）《湖北商務報》

　　一八九八年的百日維新旋因政變而結束，其後所有新政俱罷而不談，官報等皆停辦，只有商務可議。於是張之洞乃奏請清廷設商務報，改為研究實業，推廣工商，提出一系列改革。[34]一八九八年四月，陳衍與梁鼎芬、沈曾植等共十二人為宣傳張之洞的「中體西用」改革路線，乃合辦《正學報》，藉以鼓吹輿論，為湖北新政改革之先聲；[35]隨後陳衍又受張之洞委任創辦《湖北商務報》，並擔任主筆，為湖北武漢之商務發展作鼓吹輿論及建言之用。[36]該報自一八九九年四月三十日發行，至一九〇四年二月止，歷時五年，共出版一六五冊。[37]現存所撰有關商務改革的文章，共十九篇，主要探討之經濟問題，其主張大略可分為三類：

　　**第一，有關幣制改革問題。**晚清貨幣以銅元、銀元雙本位，此一貨幣制度，造成對外貿易時，銀元與金元之標準不一，針對此一問題，陳衍對各國貨幣鑄造概況加以統計、研究，編成〈商務報世界主要諸國貨幣鑄造額表〉，以資參考。指出國內外各貨幣之成色不一，中國之貨幣外流問題嚴

---

34 Daniel H. Bays, *China Enters the Twentieth Century: Chang Chih-tungand the Issues of the New Age, 1895-1909* (Ann Anbor: The University of Michigan Press, 1971), pp. 62-63. 另參黎仁凱、鍾康模：《張之洞與近代中國》，頁20-46。

35 關於《正學報》的詳情，由於資料所限，對於其發行數量及營運概況等已無從考證，但所知是陳衍為其中一主要協辦推動者，詳細可參蘇雲峰：《中國現代化的區域研究：湖北省（1860-1916）》（臺北市：中央研究院近代史研究所，1981年），頁552；另參方漢奇：《中國近代報刊史》，頁244。

36 蘇雲峰：《中國現代化的區域研究：湖北省（1860-1916）》，頁552-553；陳聲暨編，王真績編，葉長青補訂：《侯官陳石遺先生年譜》，頁1980。

37 方漢奇：《中國新聞事業編年史（下）》，頁2648。

重，宜加以注視。[38]至於對內問題，地方買賣仍以銅元支給，需求極大，由是銀價日賤而銅貴錢缺，兌換價格時常易於波動，招政損失，因此陳衍認為銀幣之賤乃「供給過於需要」的情況出現，因此陳氏首要提議須整頓錢法，仿效日本之制，由官方鑄造小制錢，「小其輪廓」，明訂度量，以達致「銀元、銅元、銅錢」之度量趨於穩定。[39]

第二，**主張設武漢為中國商務中心**。陳衍為鄂督張之洞幕臣，自是力主中國之商業中心應設於武漢。陳氏指出，選擇商務中心之條件應以「居水陸樞要者」為先，其時「外人商業駸駸逼入內地，則經營內地商業，握內地商權者，急於海上商權矣」。而以內地各省之條件，則陸路通山陝、閩粵，海路流通長江各城市之重鎮，必屬武漢，故有以武漢為中國商務中心之議。武漢一成，「而香港、上海，尚瞠乎其後矣」。[40]

第三，**商務報之推廣**。湖北為地方推廣商務及商報之首地，故陳氏欲起模範之作用，鼓勵他省仿效，他認為商報非能營利之事，缺乏廣告收入，故「其必賴官力扶持」。[41]而商報之重要性，較譯書更為重要，凡商務情形之所變化、生產製造之所由來、著述之發明、法規稅則、專屬商務機關、商業狀況、商學要素、稅計綜核、法令、演說等，俱可從商報中知其大要。因此，「有商報，則未及履而知之難之也，則預備變計之道出矣」。因此舉凡稅關釐局人員、官辦各局廠委員司事、各埠商董巨商，俱宜多讀商報，則可振興中國之商業發展。[42]

除了商論以外，陳衍亦與日人河瀨儀太郎（生卒年不詳）參與翻譯日本經濟類書籍。[43]內容包括商律、銀行、商業知識、貨幣制度、世界經濟概

---

38 陳衍：〈商務報世界主要諸國貨幣鑄造額表〉，《湖北商務報》，第26冊（武漢市：1899年12月）。

39 陳衍：〈銀價日低急宜整頓錢法論〉（上、下），《湖北商務報》，第128-129冊（武漢市：1902年12月）。

40 陳衍：〈論武漢為中國商務中心〉，《湖北商務報》，第116冊（武漢市：1902年8月）。

41 陳衍：〈論報館非營利之事〉，《湖北商務報》，第118冊（武漢市：1902年8月）。

42 陳衍：〈論商務報〉（三），《湖北商務報》，第85冊（武漢市：1902年8月）。

43 陳聲暨編，王真績編，葉長青補訂：《侯官陳石遺先生年譜》，頁1981。

況等，總計譯有《日本商律》（1899）、《商業博物志》（1899）、《商業經濟學》（1900）、《貨幣制度論》（1900）、《銀行論》（1901）、《商業開化史》（1901）、《商業地理》（1901）、《日本破產律》（1902）、《歐美商業實勢》（1902）等，為中國引進西方商學知識作出貢獻。

一九〇二年秋，張之洞署督兩江，移駐江寧，湖廣總督由端方（1861-1911）代署。陳衍無意留任，遂辭行。不久，陳氏受梁鼎芬之邀請，於兩湖師範學堂出任國文兼倫理學教授、方言學堂國文教授等職。一九〇三年，張之洞主考廷試，考題以財政教育為主，張乃去信促陳衍往京應考，為其謀官。然而，卻因考卷答題未合格式，而遭其他考官罷免，再一次失意科場。及後回武昌，充任府立師範學堂教授。[44] 一九〇四年，張之洞回駐兩湖，改商務報為官報局，悉由陳衍總理。由是張陳二人的賓主關係乃得以延續，九月，舊識張亨嘉（1847-1911）是年新上任為京師大學堂總監督，湖南學政主考時，知陳衍學問淵博，乃延聘充任大學堂教授職，張之洞愛才不肯割愛，乃去信張百熙告知已慰留陳衍在鄂，決不赴京。[45] 並先後於省內委以重要職務，包括督署文案委員、商業學堂監督、洋務局幫辦、漢口商務局會辦等職，為張氏所器重。[46] 一九〇六年七月，學部以咨文調陳衍入京出仕，張之洞勸衍上京，遂於一九〇七年三月上任，結束張陳二人多年的賓主關係。[47]

總括陳衍在張之洞幕之貢獻，多在新政之推廣宣傳及就改革提出建議，〈戊戌變法榷議〉和《湖北商務報》自是其中之代表作，在商業和金融方面，陳衍展現其廣博的商學才華，也是令張之洞對他欣賞不已之處，尤其首議鑄銅幣，使湖北財政大為改善，及至張氏離任前已「贏利二百萬銀圓」之鉅。[48] 再者，觀乎張氏在湖北新政之近代化改革，設漢陽鐵廠、湖北槍炮

44 陳聲暨編，王真續編，葉長青補訂：《侯官陳石遺先生年譜》，頁1987-1989。

45 陳聲暨編，王真續編，葉長青補訂：《侯官陳石遺先生年譜》，頁1991。

46 陳聲暨編，王真續編，葉長青補訂：《侯官陳石遺先生年譜》，頁1992、1995。

47 陳聲暨編，王真續編，葉長青補訂：《侯官陳石遺先生年譜》，頁1997。

48 陳聲暨編，王真續編，葉長青補訂：《侯官陳石遺先生年譜》，頁1986。

廠、設湖北布、紗、絲、麻四局、修鐵路、設學堂、練新軍等。[49]雖言官、
商報之言論多源自張氏之手，然湖北新政與〈戊戌變法榷議〉之十議，對湖
北新政之輿論貢獻亦起著重要作用。總結張之洞對陳衍的評價，從他呈交予
清廷的保舉奏摺中，可見一斑：「有學富才長，於中外古今政治利病，皆能
持之有故，言之成理」。[50]從此可見，陳衍在張之洞眼中是一個知識廣博，學
貫中西而善於論政的能幹幕臣，堪為大用。張之洞的推薦及後來張氏入京作
相，成為後來陳衍能順利入京為官的重要契機。

## 四 京官生涯：學部主事（北京，1907-1911）

自一九〇七年起，陳衍即在京學部和京師大學堂兩機構任職。在學部，
陳衍被任命於總務司審定科兼參事廳行走，從事新式教科書審定之工作；在
京師大學堂則主經學講席。一九〇八年，兼任禮學館纂修。在學部掌教期
間，有二事可見陳氏的政治和學術思想。

其一是將三大儒入祀一事，顧炎武（1613-1682）、黃宗羲（1610-1695）、
王夫之（1619-1692）學問淵博、明末清初以遺民自居，合稱三大儒。惟他
們皆為抗清遺民，而著作中亦有鼓吹民權言論，部分官員認為，奉祀三人實
在支持革命思想無異，故極力反對入祀之建議。陳寶琛、孔祥霖（1852-
1917）先後奏請，俱駁回。陳衍入學部後，「查歷屆禮官所以議駁之說，殊
不足憑。乃建議力言可以從祀」，遂不理學務大臣榮慶（1859-1917）之反
對，力主請祀三儒。陳衍之建議最後得到張之洞、袁世凱（1859-1916）等
軍機大臣支持，其事遂成。[51]

---

49 有關張之洞之湖北新政概況，可參Daniel H. Bays, *China Enters the Twentieth Century:*
   *Chang Chih-tung and the Issues of the New Age, 1895-1909*, pp. 33-184；蘇雲峰：《中國現
   代化的區域研究：湖北省（1860-1916）》，頁159-460；黎仁凱、鍾康模：《張之洞與近
   代中國》，頁20-46；何曉明，〈張之洞與武漢現代化〉，載馮天瑜、陳鋒主編：《武漢現
   代化進程研究》（武漢市：武漢大學出版社，2002年），頁133-148。
50 陳聲暨編，王真續編，葉長青補訂：《侯官陳石遺先生年譜》，頁1986。
51 陳聲暨編，王真續編，葉長青補訂：《侯官陳石遺先生年譜》，頁2003、2006。

其二，以史論針砭時政。一九〇九年，京師大學堂開辦分科大學，設經、文、理、法等科，由張之洞授意，聘陳衍為文科史學教授，專門講授袁樞（1131-1205）之《通鑑紀事本末》，而陳衍又喜讀王夫之《讀通鑑論》，遂參照王氏之格式，寫成《通鑑紀事本末書後》講義。[52]陳衍於緒言中指出：

> 從來治亂興衰之故，成於兵事者固多，而用人理財各要政，尤為治亂興衰之源。內政不修，民隱不恤，君子在野，小人在位。兵亂恆由此興，敵國外患之乘，亦觀釁而動。未嘗不由於立法不善，用人不當，所釀而成。修史者多書生，讀史者亦多書生，往往喜談兵而不盡確，論誦詩讀書，所以貴世論也。[53]

此緒言雖在討論中國歷史上治亂興衰之因由，而實有以古論今之意，以古代治亂諷刺和道出晚清積弱之因。其論中所言「內政不修，民隱不恤，君子在野，小人在位」和「立法不善，用人不當」，則明顯有借古諷今之意，借古代之政治得失，指出晚清政局流弊，用以勸諫領導者以經史為鑑。

## 五　遊學四方、著書立說
### （北京、福州、廈門，1912-1937）

陳衍在京仕官數年後，辛亥革命爆發，學部的仕宦生涯遂告終結。革命後，他拒涉政治，雖未有公開反對革命之言論，但堅拒臣服於北洋政權。在京期間，袁世凱親信力邀陳氏表態支持新政府及後來之籌安會議，陳衍皆以「吾自入民國，既不為官。絕口不談政治」為由拒絕引薦，絕跡官場。[54]自此，他終生以學人的身分提倡國學，以從事教學和詩文批評、寫作維生。

一九一二年六月，陳衍獲新任北大校長嚴復（1854-1921）續聘為經史

---

52 陳聲暨編，王真續編，葉長青補訂：《侯官陳石遺先生年譜》，頁2009。

53 陳衍：〈緒言〉，《通鑑紀事本末書後》，載陳步主編：《陳石遺集》，頁1226-1227。

54 陳聲暨編，王真續編，葉長青補訂：《侯官陳石遺先生年譜》，頁2027。

學講席，後又兼任法政學校文字學講席，直至一九一六年辭去北大教習，回鄉為止。在都期間，陳衍從事教學工作之餘，亦撰寫了大量詩論稿本於雜誌刊載，例如一九一二年開始，經梁啟超（1873-1929）主辦的《庸言雜誌》邀約特稿，撰成多篇詩論，日後皆結集成《石遺室詩話》。[55]

一九一六年，陳衍歸故里，受福建省政府邀請擔任《福建通志》總纂，長駐福州，主持地方志編修工作。一九一八年，閩粵戰事起，暫避滬杭地區，利用閒暇時間完成《元詩紀事》的補充和整理工作，次年交付上海商務再版。[56]一九二〇年，福建省議院議長林翰（1878-1925）等十餘位名紳，於福州設立「說詩社」，從陳衍學詩，盛極一時。[57]一九二一年《福建通志》全稿告成，次年出訪北京、上海等地會詩友故舊。

一九二四年，故知黃乃裳（1849-1924）之女婿林文慶（1869-1957）任廈門大學校長，「以公（陳衍）辦學數十年，不能不為鄉邦服務」，乃聘陳衍為文科教授，寓居廈門兩年，直至一九二六年，陳氏堅拒林文慶之挽留，辭任回鄉。[58]一九二七至三一年間，陳衍身體多抱恙，不遊遠門，亦拒絕大學之教習邀請，長居寓所。一九二五年，研究近代中國文學史的著名日本學者鈴木虎雄（1878-1963）撰寫《支那文學研究》一書，其中在詩學部分有〈石遺詩說〉一章，介紹陳氏詩論及其與江西詩派的關係，使陳氏的詩論學說廣為日本學界所認識。[59]隨之，旅華日本學者如神田喜一郎（1897-1984）、久保得二（1875-1937）等皆慕名而來登門拜訪，進行筆談訪問，由是可見陳衍在中日兩國的學界與文壇地位。[60]

一九三一年，無錫國學專修學校校長唐文治（1865-1954）於地方推廣

---

55 陳聲暨編，王真續編，葉長青補訂：《侯官陳石遺先生年譜》，頁2019-2028。

56 陳聲暨編，王真續編，葉長青補訂：《侯官陳石遺先生年譜》，頁2034。

57 陳聲暨編，王真續編，葉長青補訂：《侯官陳石遺先生年譜》，頁2036。

58 陳聲暨編，王真續編，葉長青補訂：《侯官陳石遺先生年譜》，頁2043-2051。

59 參鈴木虎雄：〈陳石遺の詩說〉，氏著：《支那文學研究》（東京：弘文堂，1967年），頁304-320。鈴木氏認為陳衍的詩，並將之譽為近代詩壇江西派的代表，但這個說法不為陳衍本人所同意。

60 陳聲暨編，王真續編，葉長青補訂：《侯官陳石遺先生年譜》，頁2060-2062。

國學，乃廣邀名士到校任教，盛極一時。為加強該校名聲，在唐氏門人葉長青（1898-1944）的極力推薦下，禮聘當時已被公認為文壇大師的陳衍為特約講師，聘約待遇極為優厚，除免去行政工作外，薪酬為每課二十元（一作三十元），相較於一般在校講師高出十倍，在當時而言屬十分罕見，亦可見陳衍晚年在國學界的身價。[61]當時陳衍在校專門教授《資治通鑑》、《宋詩》及《要籍題解》三課，其教學講義後來於一九三四年編集成《史漢文學研究法》。此書一反清儒喜以治亂興衰讀史的手法，改以《史記》、《漢書》的文學造詣相互比較，單從文學角度評鑑此二書之價值，是為陳衍晚年在文史範疇的教學心得和學問總匯。[62]

晚年的陳衍，日常除了每星期前往無錫講學以外，便長居於蘇州遊歷會友，並於每歲夏季回鄉短居和續修通志，日復如是，已甚少寫作，於蘇錫二地與唐文治、章炳麟（1869-1936）、錢基博（1887-1957）等名士交往，例如舉辦國學會、詩社等。[63]一九三七年六月，陳衍自蘇州返里後，身體已見疲憊，健康每況愈下。七月八日上午，陳衍在家中如常見客，忽然身體不適，延至晚上不治，享年八十二歲。[64]

## 六　文史研究與著述

辛亥革命後，陳氏遠離政界，專心從事文史研究。他一面從事教學工作，於南北各大學講學凡四十餘年；另一方面著書立說，先後寫成《元詩紀事》（補輯）和《石遺室詩話》二書，創立詩學理論，成為同光詩壇主盟人，享譽文壇，對中國傳統文學起著重要影響。誠如近代國學名家唐文治所言：「先生著作等身，經史子集，百家九流，靡不六通四闢」。[65]在眾多文史

61 陳聲暨編，王真續編，葉長青補訂：《侯官陳石遺先生年譜》，頁2065-2067；陸揚：《唐文治年譜》（上海市：生活・讀書・新知三聯書店，2013年），頁321。

62 陳衍：〈題解〉，《史漢文學研究法》，載陳步主編：《陳石遺集》，頁1633。

63 陸揚：《唐文治年譜》，頁321。

64 陳聲暨編，王真續編，葉長青補訂：《侯官陳石遺先生年譜》，頁2086。

65 唐文治：〈石遺室叢書序〉，載陳步主編：《陳石遺集》，頁2155。

著作之中，則以《元詩紀事》、《石遺室詩話》、《近代詩鈔》和《福建通志》
最具代表性，於後世亦最具影響。

## （一）元詩紀事

其中以又以《元詩紀事》最為後世熟知，該書撰寫時間起自一八八一
年，陳衍於福州與妻「草創元詩紀事，急欲成書，閱市借人，日日攤卷暝
寫」，利用福州藏書，在其妻協助下，於一八八五年「粗成」初版二十四卷
本。[66] 起初，該書因經費問題未能刊印，一八九四年得沈瑜慶資助初稿本方
得以印行。然而，第一版的《元詩紀事》陳衍自己以「粗成」自評，對作品
仍未滿意。故於一八九六年在滬工作期間，訪問杭州西湖藏書樓文瀾閣，遍
尋元詩，為《元詩紀事》的再版進行補輯預備。[67] 一九一八年，在同鄉友人
高夢旦（鳳謙）（1870-1936）的協助下，由商務印書館發行四十五卷本的修
訂版，並於一九二一年正式面世，是為《元詩紀事》最完整的版本。[68]

有關《元詩紀事》的寫作目的，在自序中，陳衍指出「唐宋金詩皆有紀
事，而元獨無」[69]，故需編輯《元詩紀事》，以作賡續。另外，陳氏翻閱《元
史藝文志》後，認為所收錄之詩文內容太少，似未全面搜羅，而詩文紀事
「重在網羅散失」、「搜羅一代傳作，散見於筆記小說各書者，不宜復收尋常
無事之詩」。[70] 故《元詩紀事》的主要目的，乃保存反映元代風氣的詩文，達
到補遺和以詩存史的目的。其次，在體例上，他又另創新例，考慮到元金之
間「上多宋金遺老，下多裸將」，如元好問（1190-1257）等，於元金之際詩
壇主盟，自成一格，有重要文學價值。因此陳氏乃「仿全金詩列耆舊遺獻之

66 陳聲暨編，王真續編，葉長青補訂：《侯官陳石遺先生年譜》，頁1952。

67 陳聲暨編，王真續編，葉長青補訂：《侯官陳石遺先生年譜》，頁1971。

68 陳聲暨編，王真續編，葉長青補訂：《侯官陳石遺先生年譜》，頁2034。

69 陳衍：〈自序〉，《元詩紀事》（浙江圖書館藏清光緒鉛本），載《續修四庫全書》（上海
市：上海古籍出版社，1995年），卷1710，頁61。

70 陳衍：〈自序〉，《元詩紀事》（浙江圖書館藏清光緒鉛本），載《續修四庫全書》（上海
市：上海古籍出版社，1995年），卷1710，頁61。

意」，另編「遺老」一卷，成為《元詩紀事》的特色。[71]

　　清初以來，元史學風日盛，陳衍以元詩作為研究，與此背景亦不無關係。而其研究元代之詩，開創遺老一卷，此亦成為日後陳衍在研究同光詩人（不少皆為遜清遺老）之重要參考，對《近代詩鈔》及《石遺室詩話》的創作影響甚大。

## （二）《石遺室詩話》和《近代詩鈔》

　　陳衍的詩文作品，首部雖是清末所撰的《元詩紀事》，然而，陳氏於文壇真正定下近代詩壇宗師地位，成一家之言，則非《石遺室詩話》莫屬。陳衍早年於武昌在幕期間，張之洞旗下招攬大批文人俊彥，陳氏以詩文會友，尤與鄭孝胥、陳三立（1853-1937）等人熟稔，並創作大量同光體詩，後來陳氏將詩文輯錄並集成《石遺室詩集》，詩名由是大噪。一九一二年，梁啟超（1873-1929）創辦《庸言雜誌》時，附有文學專欄，知陳氏「數十年來多說詩，意有所得」，由是約陳氏編詩話，開始撰寫詩論文章，於《庸言雜誌》連載，二年來寫成《石遺室詩話》共十三卷，未刊，時廣益書局私下翻印，廣受歡迎。一九一五年夏，商務主事人之一李拔可（1876-1953），邀請陳衍於《東方雜誌》續寫詩話，每月一卷，合共連載十八卷。一九一六年，陳衍因歸里纂修《福建通志》，連載遂止。一九二六年，見「海內寄書求合刻單行者甚眾」，陳氏遂始將詩話文章整理增益，擴充至三十二卷，於一九二九年五月，由上海商務印書館代為刊行。一九三四年，續撰《石遺室詩話續編》六卷，刊於《青鶴》雜誌，單行本於一九三五年由無錫國學專修學校代為付印。[72]

　　《石遺室詩話》為奠定陳衍民國詩學評論家的重要作品。書中主旨以詩

---

71　陳衍：〈自序〉，《元詩紀事》（浙江圖書館藏清光緒鉛本），載《續修四庫全書》（上海市：上海古籍出版社，1995年），卷1710，頁62。

72　陳聲暨編，王真續編，葉長青補訂：《侯官陳石遺先生年譜》，頁2049-2050；陳衍：〈石遺室詩話序〉，載陳步主編：《陳石遺集》，頁698。

論、詩評、錄詩為主，詩話屬連載散文，每卷章節之主題不同，隨作者興之
所至而討論。陳衍最著名的詩論，便是三元說和同光體一詞的提倡。所謂三
元說，是陳衍反駁傳統清初詩人專宗唐詩的風氣，傳統清人以開元杜甫
（712-770）、元和韓愈（768-824）為上品，認為宋詩不足法。陳衍則認為，
詩學不應強分唐宋，「余言今人強分唐詩、宋詩，宋人皆推本唐人詩法，力
破餘地耳」，[73] 他力推宋代詩學大家如黃庭堅（1045-1105），乃突破唐詩之局
限，自成一家，「力破餘地」。是故陳衍認為，唐宋詩學理應並盛，提出詩學
鼎盛時期的三元說：「上元開元、中元元和及下元元祐」。[74]

至於陳衍提出三元說之理由，則與確立同光體詩的詩學地位有關。道咸
以來，詩人喜言宋詩，至同光以來，「詩人不專宗盛唐」，而陳衍及其詩壇友
人，如鄭孝胥、陳寶琛、陳三立等，皆以師法宋詩江西派，領導清末民國之
遺老詩壇風氣。故此，陳氏提出三元說，是為晚清以來之詩壇風氣給予正統
性。至於同光體，則是陳氏觀察晚詩壇演變的趨勢，從而提出詩學轉型的洞
見。[75] 除了詩論以外，《石遺室詩話》一書還收錄不少陳衍對同光體詩人的品
評及輯錄一些詩人的未刊詩文，起著補遺的作用。

另一部在錄詩方面貢獻更大的作品是《近代詩鈔》。該書成於一九二三
年，由商務印書館刊行，收錄自咸同以來至民國時期的詩人作品，該書源自
於陳衍早年編輯之《石遺室師友詩錄》，已收錄一百一十人，後於以此基礎
上加以補充和擴充至《近代詩鈔》收錄的三百六十九人，詩約三千餘首。另
有《近代詩鈔續篇》，為保存近代同光體詩文作出重要貢獻。[76] 值得留意的
是，陳氏在書中所收錄的詩，內容多以清遺民為主，而主張新派的南社成員

---

73 陳衍：《石遺室詩話》卷一，載張寅彭主編，《民國詩話叢編》（上海市：上海書店，
  2002），頁21。

74 陳衍：《石遺室詩話》卷一，載張寅彭主編，《民國詩話叢編》（上海市：上海書店，
  2002），頁21。

75 關於陳衍之詩學研究及晚清詩學轉型問題，參周薇：《傳統詩學的轉型：陳衍人文主義
  詩學研究》，頁75-90。

76 陳聲暨編，王真續編，葉長青補訂：《侯官陳石遺先生年譜》，頁2041-2042；汪辟疆
  撰，王培軍箋證：《光宣詩壇點將錄箋證》（北京市：中華書局，2008年），頁54-55。

則概不收錄，當中既與陳氏個人的政治認同（情感上認同清室）、遺民詩友網絡（陳寶琛、鄭孝胥等），加上其文學風格推崇同光體有關，故以近代詩詞獨鍾情於同光體，成為此書的一大特色。[77]陳氏於近代文學地位，深獲近代名家所推崇，例如研究近代詩學的著名學者汪辟疆（1887-1966）便將陳衍譽為與同時代的陳寶琛、鄭孝胥、陳三立等人齊名的閩贛派領袖。[78]平情而論，陳衍在近代詩創作的名氣，與其餘三人比較，恐怕未能望其項背；但陳氏在詩論及宣傳、推廣同光詩的貢獻，卻是無出其右，亦因此奠定他文壇領袖的地位。

## （三）《福建通志》

陳衍的史學研究著述繁多，前文已述。而在眾多作品中，其著作規模最大，而最具影響力的作品，則屬其名下主編修之大型地方志《福建通志》。福建素有修地方志之傳統，最早由陳壽祺（1771-1834）編修，陳壽祺歿後，因未付印而內容大多已散佚，因此地方名士早已有續修通志之打算。

民國初年，各省遺民興起編修地方史志之學風，福建地區亦不例外。[79]福建省政府乃積極招募地方之碩學耆老協助修撰。一九一六年，省政府聘沈瑜慶為名譽總纂、陳衍為總纂，續修《福建通志》。其時沈氏因故「不辦事、不駐福州」，故修志之事權實歸陳衍之手。除總纂外，通志局內又設分

---

77 林立認為，像陳衍的《近代詩鈔》這類以編纂歷代遺民作品詩詞集的風氣，在民國時期十分普遍，是一種「記錄遺民事跡、提倡氣節之舉」，參氏著：《滄海遺音：民國時期清遺民詞研究》，頁145-147。

78 汪辟疆：〈近代詩壇與地域〉，載氏著：《汪辟疆說近代詩》（上海市：上海古籍出版社，2001年），頁24-29；有關汪辟疆對陳衍的評論，另參張宏生：〈汪辟疆的詩史觀念及其近代詩說〉，《江西社會科學》第1期（南昌市：2004年），頁205-212；張宏生：〈汪辟疆及其近代詩系的建構〉，《南京大學學報（哲學・人文科學・社會科學）》第39卷第3期（南京市：2002年），頁142-149。

79 關於各省遺民之編修地方史志情況，參羅惠縉，《民初「文化遺民」研究》（武漢市：武漢大學出版社，2011年），頁224-227。

纂十餘人、採訪、校對、謄錄等二十餘人，月支銀元二千圓，悉數由省政府
資助和鄉紳籌募補足。陳衍為專心修志乃辭退北大教習，長期駐在福州主持
工作。[80]一九二一年，福建通志全稿得於政府規定之五年期限內完成，全書
凡六百四十卷、約一千萬字。一九二九年，《福建通志》的其中三百餘卷刊
刻付梓，分銷各省。一九三〇年代，編纂局停止運作。陳衍在蘇、錫講學之
餘，仍經常來往閩浙兩地，於每夏回鄉，獨力編纂、自資修志，可見他對修
成此鉅著之執著和堅持。可惜的是，在《福建通志》即將付梓之際，陳衍卻
因病辭世，未及親眼目睹成書之時。一九三八年九月，在福建省教育廳召集
下，總其成刊印了現存的完整版本《福建通志》，成為陳衍在方志學上的一
大成就。[81]

　　從年譜所載，在編纂《福建通志》的過程中，陳衍投放了大量精力在史
料內容搜集和體例改革之上。首先，在史料搜集方面，他堅持以鉅細無遺的
方法鈔錄有關內容。《石遺先生年譜》載：

> 編書數間屋，使各分纂翻閱。凡遇福建人福建事，皆折角呈覽。公乃
> 摘其有用者，起訖加兩小點，令謄錄抄之。不論長短，一葉一條，然
> 後分題編次。如李綱一人，碑志筆記凡若干條，匯次為一疊。撰傳時
> 刪複節繁，先後銜接，湊成一片，不過將各葉上下移動，過渡處加數
> 語，以為筋節耳，餘皆仿此。[82]

　　除了在福建省內藏書以外，陳衍亦令通志局分纂及校對、謄錄數人，至
金陵、杭州等圖書館鈔錄有關通志的有用材料。甚至陳氏本人亦親自到江南
等地的圖書館和藏書樓搜羅書籍，「每晨起至館，指出應鈔書」。[83]這種仔細
而廣泛的資料搜集工作和得來之成果，成為編纂浩瀚的《福建通志》的重要

---

80 陳聲暨編，王真續編，葉長青補訂：《侯官陳石遺先生年譜》，頁2029-2030。
81 陳遵統等編纂：《福建編年史》（福州市：福建人民出版社，2010年），頁1650-1651。
82 陳聲暨編，王真續編，葉長青補訂：《侯官陳石遺先生年譜》，頁2031。
83 陳聲暨編，王真續編，葉長青補訂：《侯官陳石遺先生年譜》，頁2035。

資料庫。

其次，在體例上，《福建通志》亦較前志有不少創新之處。在傳統地方通志的基礎上，以廿三史體例為參考，加上〈通紀〉、〈方言志〉、〈藝文志提要〉、〈藝文志附錄〉、〈版本志〉、〈金石志〉、〈山經〉、〈河渠志〉、〈儒行傳〉、〈酷吏傳〉、〈滑稽傳〉、〈宦者傳〉、〈列女傳〉等，豐富了傳統通志的內容結構。除了傳統體例的增潤外，舉凡新政事項，亦列入通志所編之內容，例如〈船政志〉、〈海軍志〉、〈外交志〉等，而〈船政志〉、〈海軍志〉收錄自福州船政局時期福建地區海軍的發展史，其中包括船艦資料，海軍將領履歷、船政局發展沿革等，皆有詳細介紹，為研究近代中國海軍史的重要材料。[84]

總括而言，陳衍以其大膽的嘗試，從體例上作出改革，加上親自監督搜集資料和編採過程，遂使《福建通志》成為一部相較於其他省之通志規模更大、內容更深入，並足以傳世的地方志。為後世研究福建地方史、區域研究、以至中國近代史的研究留下珍貴史料。[85]

## 七　結論

陳衍一生歷經中國近代史的不同重要時期，參與戊戌維新、湖北新政及民國講學。早年陳氏矢志於投身政治，以幕僚及報人身分，輔佐名臣推動新政，以其尖銳筆觸及對西學之識見，為張之洞所器重，成就其晚清改革家的角色。

分析陳氏之政途成就，大致可歸因於兩大因素。

其一，具備個人的才能和洞見。從陳氏幕臣到學者期間的歷程，不論是身為一位經世致用幕臣，或是身為一位具開創性視野的詩文批評家，甚或是

---

84 陳聲暨編，王真績編，葉長青補訂：《侯官陳石遺先生年譜》，頁2039。

85 關於《福建通志》於地方志、史料學及區域研究的學術價值，可參李金強：〈導論——福建區域研究述略〉，載氏著：《區域研究：清代福建史論》（香港：教育圖書公司，1996年），頁9-10。

一位能編纂足以傳世的地方志的史家而言，陳衍皆顯現出他的出眾才學。此種學識，除了天賦以外，與其家庭之傳統國學教育，加上晚清福建教育重視經世致用學風具有深厚關係。從陳衍早期的《求是報》、《湖北商務報》及〈戊戌變法榷議〉等文章思想可見，他雖是以習國學為本之儒生，但卻不囿於傳統成見，反而吸收西方知識，對國外之政治、經濟、外交發展有深入了解；故能於晚清改革時期提倡先進主張，並與張之洞的中體西用思想契合，成為協助推動湖北新政的重要幕臣，促進中國之近代化事業。

其二，除了陳衍個人的卓越才學以外，他在仕途上的成功，與其家鄉福州的望族鄉緣有重大關係。誠如其後人於家譜所言：「家君（衍）官不及五品，舉不過乙科、特科。而生平學問事跡，關係數十年來學界、政界者不少」。當中的政、學界所建立之人脈「關係」，如上文所述，往往成為他進一步發展的重要助力。在陳氏人生中，他的仕途往往得到其家鄉故舊，例如陳寶琛、沈瑜慶、鄭孝胥等晚清官紳之推薦，成為他後來科場中舉、入仕張之洞幕府等之契機，讓他打入清季政界文壇圈子之中，被視為同光時期的一員健將。

辛亥革命以後，民國肇建。陳氏絕跡官場，以傳統文人自居，並將晚年之畢生精力，投身於著書及講學之上，其中尤以詩學論著《石遺室詩話》、地方志《福建通志》二部，奠定其近代詩學及地方史的重要地位，堪稱為文史名家，對近代的文、史學界，俱有著重要影響。

由此觀之，綜合陳衍一生之功業，乃透過其個人之才具兼與人脈的關係，得以促成其仕途的發展，進而成就其仕宦與文壇之事功。後世在研究陳衍時，雖較重視其文壇事業，然觀乎其一生，對於近代中國政治與文化更新，均見其重要影響，實未容忽略並應予重視，此即本文研究意義之所在。

第五章

# 清末文人的南洋印象：陳寶琛的南洋之旅

## 一　引言

　　陳寶琛為清末民初時期的福建重要官紳，於福州地區籌建新政貢獻良多。為籌辦福建第一條國人自辦的民營鐵路：漳廈鐵路，陳氏到訪南洋地區，訪問閩省僑胞，並到訪新加坡及馬來西亞一帶，進行考察，並以詩記述其所見所思，編成《南游草》詩集。此報告乃以陳寶琛《滄趣樓詩文集》中所記之文獻，就此南洋之旅進行介紹，從詩文中窺見作為晚清傳統官紳陳寶琛的南洋印象及其與閩僑於近代的地方建設（漳廈鐵路）及文教貢獻。

## 二　南洋之行的緣起：籌建民族鐵路

　　福建為中國近代化的先進地區，其中以新式學校及早期民營鐵路的改革較為顯著。而當中改革之重要推手，則以晚清官紳陳寶琛於地方之貢獻最大，影響最深。本文探討之主題，陳寶琛南洋之行的緣起，亦與晚清福建地方新政之其中一項：漳廈鐵路有關。

　　十九世紀下半葉，外國列強瓜分中國權益的威脅日增，而鐵路的國人擁有權、經營權，實為國家主權體現之延伸，因此於二十世紀初，中國各省乃倡議籌建民營鐵路，由各省官紳募款集資，藉以抵抗外國資本，避免使地方

鐵路成為外國勢力範圍。[1]其時日人有在華南各省建「南清鐵路」[2]，法人建「閩潮鐵路」之議。[3]在外國染指路權的威脅下，閩省輿論沸騰，閩人皆鼓起自辦民族鐵路之意識。一九〇四年，陳寶琛代表福建到上海出席閩、浙、皖、贛四省自辦鐵路會議，交換自辦鐵路之意見和意向。[4]原先此鐵路構思乃籌建連結各省的大型鐵路，當時陳寶琛與廣東華僑張振勛共同商議籌建規模更大的廣廈鐵路，二人更於香港共商事宜，圖謀組建公司。[5]惟此議最終未成，其中原因如何已不可考。最終取而代之的是，一九〇五年，閩路公司以先建本省的「漳廈、泉東、福馬」三線，以六百萬元為目標，向本省各海外華僑進行招股工作希望藉華僑資本以助路政。由於漳廈鐵路經費主要以民間自發募款為主，因籌建民族鐵路之故，規定「專招華股。凡華人僑居外洋各島者，但查實確係華人，亦得與股」。[6]當時招股為了增加股本，陳寶琛決定親赴南洋招股，力圖以其於福建僑鄉間的個人聲望及影響力，吸引華僑積極投資。此即漳廈鐵路籌建及陳寶琛下南洋的緣起。[7]

---

1 黃嘉康：〈陳寶琛與清季福建新政——以漳廈鐵路為例〉，載陳蒨主編：《第七屆香港亞洲研究學會論文集》（香港：香港樹仁大學當代中國研究中心，2012年），頁1218-1220。

2 凌鴻勳：《中國鐵路志》，載沈雲龍主編：《近代中國史料叢刊續編》第93輯（臺北市：文海出版社，1982年），頁156-158。

3 當時閩省鐵路權受外力影響，形勢緊迫，如陳氏年譜中記述：「閩省溝通南北，為交通要道。礦路等權，久為各國所垂涎，尤以日、法兩國為最。」載張允僑：〈閩縣陳公寶琛年譜〉，陳寶琛著，劉永翔、許全勝點校：《滄趣樓詩文集（下）》（上海市：上海古籍出版社，2006年），頁737；〈閩潮鐵路〉，載宓汝成編：《近代中國鐵路史資料（中）》（臺北市：文海出版社，1977年），頁705-706。

4 《大公報》（天津），1904年11月20日。

5 〈鐵路辦法〉，《叻報》（新加坡），1906年7月7日。

6 陳寶琛：〈商辦福建全省鐵路有限公司暫定章程〉，陳毅編，《軌政紀要（三）》（臺北市：文海出版社，1970年），頁404。

7 有關漳廈鐵路的籌建過程及成效，可參詹冠群：〈陳寶琛與漳廈鐵路的籌建〉，《福建師範大學學報（哲學社會科學版）》第2期（福建：1999年），頁96-102；黃嘉康：〈陳寶琛與清季福建新政——以漳廈鐵路為例〉，陳倩主編：《第七屆香港亞洲研究學會論文集》（香港：香港樹仁大學當代中國研究中心，2012年），頁1218-1224；向軍：〈清末華僑與漳廈鐵路之籌建〉，《麗水學院學報》第34卷第3期（麗水市：2012年），頁26-32。

## 三　南洋之行的經過

　　陳氏南洋之行，自一九〇五年十月始，從福州出發，途經廣州、汕頭，由此出發，第一站即抵達息力（新加坡），第二站經海路抵達檳榔嶼，第三站經威雷斯雷（檳榔嶼對岸大陸地區）乘火車至大白蠟（霹靂洲），第四站途經吉隆坡抵威雷斯雷由海路赴緬甸，第五站經海路至蘇門答臘東群島至巴達維亞，途經茂物、萬隆等埠，最後自西向東，抵達三里壟及泗里末（泗水），最後由泗水乘英國郵船返抵廈門。陳氏南洋之行，歷時九個月，歷經南洋星馬印尼諸埠，見聞收錄於《滄趣樓詩文集》的〈閩縣陳寶琛公年譜〉及《南游草》詩集。期間所見所聞，現分別介紹說明。

### 1 新加坡

　　陳氏以新加坡為訪問南洋的第一站，也是南洋之行當中最具意義之行。十九世紀末以來，閩僑於南洋的經濟實力日增，而新加坡又「為南洋各國商賈薈萃之地」，匯聚大量閩籍華僑，自然成為陳寶琛極力爭取的募款對象。其時陳寶琛為爭取地方僑商支持募款，乃邀請其友人黃乃裳，親赴新加坡，代為請託。黃氏乃當時積極主張修建省鐵路的支持者，發表〈論閩省紳商宜速定自辦鐵路權〉的社論，提醒閩人關注外力入侵，應速自辦鐵路以求自保。[8] 故陳寶琛乃於出發遠赴南洋以前，拜託黃乃裳先行張羅，聯絡地方商號響應募款。[9] 此外，他亦得到新加坡當地名士、詩友邱菽園的協助，聯絡當地紳商。邱氏為新加坡著名華僑，於當地詩壇大有名氣，與林文慶等人合組華商閣俱樂部，成為地方重要僑領。[10] 邱與陳寶琛二人早為舊識，以詩文論交。

　　因此，陳氏於新加坡得黃、邱二人協助，加上本人在當地僑界的名氣及

---

8　《福建日日新聞》條目，轉引自洪卜仁：〈被遺忘的漳廈鐵路〉，《廈門晚報》（廈門），2003年6月29日。

9　詹冠群：《黃乃裳傳》（福州市：福建人民出版社，1992年），頁221-223。

10　陳遵統編纂：《福建編年史》下冊（福州市：福建人民出版社，2009年），頁1491。

人望，自是得到地方紳商的熱情款待。一九〇六年十一月三十日，陳氏抵新加坡後，出席僑民為其舉辦的宴會，席中發言呼籲僑胞支持鐵路建設，讚揚僑胞「愛國愛鄉，高風古義，賑災助餉，疊出巨貲」，心繫鄉梓。福建一省「山多田少」，故僑民「常借海外為拓殖之地」，而閩省「實質物品饒美礦產林立」，故解決貧困之法，在於振興地方物產，其關鍵則在於修建鐵路，為其首要任務。乃呼籲新加坡閩僑「登呼響應，立集厚貲，先成此三段海岸之路，而漸及於全路，則寶琛不虛此行，而今日之會可永為閩路之紀念日矣」。從報導中可見陳氏對福建僑商寄望之深。[11]十二月三日，新加坡粵籍僑商於總商會宴請陳寶琛，陳氏以閩粵建成鐵路將有利兩省交通為主張，呼籲當地粵商踴躍認股。[12]為方便南洋華僑透過此地辦理認股相關事宜，當時漳廈鐵路公司更於新加坡設置「招股經理處」，並託請地方各埠有力商號，開辦聯絡處，處理南洋各地招股事宜。[13]

經陳氏呼籲後，新加坡及各埠響應認股者眾，其中又以閩籍華商最為踴躍。認股者包括當時南洋各地有力富商，如新加坡富商萬山號劉金榜認購一萬股、東興號及金興號認購一萬至一萬五千股；檳榔嶼巨商胡子春認股二十萬等，於南洋總共籌得一百七十餘萬。[14]其所籌得款項雖離目標之六百萬尚有差距，但此筆款項成為日後籌建漳廈鐵路的重要資本。

除了籌募經費外，陳氏南下的另一任務乃受閩督所託，到南洋各埠視察各地僑校的發展概況。[15]陳寶琛在新加坡亦走訪當地華僑學校，進行視學。而其中又以新加坡的興學情況為陳氏感受最深。星馬華僑興學早見於十九世

---

11 〈如左以代廣傳〉，《叻報》（新加坡），1906年12月1日。

12 〈謝啟照登〉，《叻報》（新加坡），1906年12月4日。

13 〈商辦福建鐵路招股有限公司新加坡招股經理處〉，《叻報》（新加坡），1906年12月20日。

14 關於陳寶琛招募股款成果，可參李恩涵：〈清代中葉前對海外移民的政策及其後之改變〉，見氏著：《東南亞華人史》（臺北市：五南圖書出版公司，2003年），頁168-169；陳遵統編纂：《福建編年史》下冊，頁1555-1556；陳達：《南洋華僑與閩粵社會》（長沙市：商務印書館，1939年），頁183。

15 年譜記述，陳氏訪南洋，帶同「林鴻懋、蘇郁文二生從往爪哇視學」，載張允僑：〈閩縣陳公寶琛年譜〉，陳寶琛著，劉永翔、許全勝點校：《滄趣樓詩文集（下）》，頁737。

紀末，當時僑民為避免「移華而巫，盡變種質」，紳商邱菽園、林文慶興辦華文學校，成為當地先聲。而閩粵僑民亦就自身地區之方言，設專屬學校。為照顧閩人子弟需要，一九〇七年四月十八日，由周亨潤、陳嘉庚等人發起，新加坡福建會館主辦的道南學堂（又稱道南兩等小學堂）宣告成立，是為新加坡近代化僑校的先驅。該校依照一九〇三年《奏定初等小學堂章程》，用現代化的小學堂教育課本，設國語、算術、圖畫、唱歌、體操等科目，因其教學方法與傳統私塾有別，廣受地方僑胞子弟歡迎。[16]

在建校之時，陳嘉庚邀請時任福建教育總會會長的陳寶琛為該校撰寫序文。在〈福建道南學堂序〉中，陳寶琛提及在其南洋之旅視察中，目睹新加坡興學六、七年間，成績斐然。相較於福建廣東二省近日始行新政推廣設立小學堂，更為進步。「南洋群島學堂踵起至五十餘所，皆通國文習國語宗國教以蘄為國民，嗚呼盛矣」，並寄望當地僑民能進而發展中學堂，以將華文教育及福建僑民教育於新加坡發揚光大。[17]道南學堂的創設，可視之為福建僑民將中華文化傳統及國文教育由閩省向南洋延伸的重要標記。

陳氏在新加坡期間，記有《息力雜詩》，詩中有讚揚「星洲寓公」邱菽園之句，為其於星馬推廣中華文化及詩文活動而傾盡家財的情義。詩云：「千戶家家貨殖雄，斯人忍獨坐詩窮？杜鵑北望年年拜，長剩風懷付酒中」，自是道出陳氏對邱菽園文人風骨的敬仰。[18]

## 2 檳榔嶼

檳榔嶼，亦稱檳城，為陳氏南洋之行的第二站。在漳廈鐵路募集經費過程中，檳城為最踴躍的僑鄉之一，當地錫礦大王胡子春認股甚多，對修建鐵路支持甚為著力。陳寶琛以胡氏為當地富商，於當地商會組織、福建僑胞群

---

16 〈星加坡道南學堂成立〉，陳遵統編纂：《福建編年史》下冊，頁1576-1577及董立功：〈陳嘉庚與道南學堂〉，《群賢文苑》，2018年5月24日，轉引自廈門大學校友總會網頁 https://alumni.xmu.edu.cn/info/1020/2045.htm，瀏覽日期：2019年10月30日。

17 〈福建倡設道南學堂廣告〉，《叻報》（新加坡），1907年4月18日。

18 〈息力雜詩〉，陳寶琛著，劉永翔、許全勝點校：《滄趣樓詩文集（上）》，頁84。

體中有名望，故電請胡氏作為漳廈鐵路的檳城代理人，並邀請他到廈門共商籌建事宜。胡氏得知後，對募款甚為著力，也成為陳寶琛在檳城結識當地僑領的重要中介。胡氏早於陳氏下南洋前，已表示支持建鐵路，並去信認股二十萬；[19]一九〇六年十月九日，胡子春於檳城平章會館以閩路公司協理身分召開大會，並向地方士紳進行募款工作。席上胡氏除本來答允之二十萬股外，再認捐二萬股，以示支持，鼓勵當地商人認捐。後又於陳氏抵檳城後，安排與當地僑商見面，為當地籌建鐵路事宜的推手。

除於當地向地方僑商募款以外，陳氏在檳城亦以紀念友人之行為目的。陳寶琛作為閩中巨紳，於僑鄉早有名望，其中檳城富商李丕耀，經營崇茂商號，為米業鉅子。鑒於閩人有客死異鄉者，需要僑民募款以助殮葬。故陳氏與李氏二人乃合力修建公冢，「開路導泉，築亭其側」，並由陳寶琛為該處撰〈檳榔嶼閩商公建義冢記〉，以誌紀念。[20]二十年後，當陳寶琛重遊舊地，李丕耀已身故十年，留有「卻對石人兩無語，鬢華墓樹各毿毿」的感嘆。

現時陳寶琛在檳城仍留下不少墨寶足跡，包括今日平章公館（今檳州華人大會堂）橫匾、福建公冢碑文及長聯、極樂寺署名「聽水翁」的七言絕句、天公壇楹聯等。

## 3 大白蠟

走訪檳城後，陳寶琛途經威雷斯雷乘火車至大白蠟（今霹靂洲）。陳寶琛對白蠟印象甚深，主要在於該地之錫礦業極為興盛。洋商及僑民以經營錫礦製成錫器圖利，並以鐵路輸出海外致富，引起陳氏主張以鐵路振興福建省物產礦業的感想。詩興既發，乃作下一詩，云「錫石天留待卅人，山山如玉土如銀。縱然碧眼饒機事，地寶猶支百十春」，道出白蠟物產豐饒之意。[21]

---

19 〈華商認款〉，《叻報》（新加坡），1906年3月20日。

20 張允僑：〈閩縣陳公寶琛年譜〉，陳寶琛著，劉永翔、許全勝點校：《滄趣樓詩文集（下）》，頁737。

21 〈白蠟處處產錫山石皆作玉色西人鋸磨以製器布地〉，陳寶琛著，劉永翔、許全勝點校：《滄趣樓詩文集（上）》，頁86。

## 4 緬甸

在走訪大白蠟後，陳氏途經吉隆坡返抵威雷斯雷，並於當地乘船至緬甸。當地福建華僑興學，始於一九〇三年，檳城閩僑有見於緬甸尚未有華文學校，乃於仰光創立中華義學，為僑生服務，而自中華義學建立以來，當地風氣漸開。[22]一九〇四年，當地商人徐贊周創立益商夜校，更成為同盟會在地機關。經過當地閩僑經營，華文教育風氣日盛。而在陳寶琛訪緬期間，訪問了中華義學，期間與當地教職員聯絡並建議易名為中華學校，並於翌年一九〇八年易名。一九〇九年，陳寶琛聯同當地僑商成立仰光福建女子師範學校，為當地女子提供新式教育，這些成果俱與推動有關。[23]

陳寶琛亦會見了當地著名閩籍教育家海澄蘇學書、邱子安二人，對他們為地方教育之貢獻大為讚賞，並以「斯文未喪、孔里衣冠」，形容當地文教之日漸興盛，並贈以詩句答謝。[24]

在緬期間，陳寶琛亦對當地的潮汕華僑的生活條件困苦，深有所感。「見緬僑多愁苦，皆潮汕鄉民，無田可耕」，收入甚困苦。又受地方官吏所欺壓，因而作有〈緬僑嘆〉一詩，概嘆華僑在當地生活境況。[25]

## 5 巴達維亞、三寶壟、泗水

訪緬以後，陳寶琛乘船抵達爪哇巴達維亞（即今日之印尼雅加達），除了在當地進行招股工作，獲得十五萬元股本以外，[26]陳氏亦參訪當地的教育主辦機構中華會館。該會乃由地方閩商主持，當地閩商財力雄厚，學堂發展迅速，「幾于遍設」。一九〇六年，爪哇各埠中華學堂董事會合併為巴達維

---

22 〈仰光中華學校史略〉，《南洋時報彙刊》，1：10、11號合刊（1926）。

23 陳遵統編纂：《福建編年史》下冊，頁1635。

24 〈海澄蘇學書邱子安并生長緬甸而以興教育才倡其鄉人蘇尤習緬地圖志嘗為竹枝詞數十首有詩見投因答其意〉，陳寶琛著，劉永翔、許全勝點校：《滄趣樓詩文集（上）》，頁89。

25 〈緬僑嘆〉，陳寶琛著，劉永翔、許全勝點校：《滄趣樓詩文集（上）》，頁90。

26 李恩涵：〈清代中葉前對海外移民的政策及其後之改變〉，見氏著：《東南亞華人史》，頁169。

亞、三寶壟、泗水三大商埠之中華會館，輪值主持事務。陳寶琛有見於當時
僑生子弟不重視華文，而以能通荷蘭文及馬來文為滿足，故於視察各埠之
時，勉勵子弟多習中國文字，振興國學。[27]一九〇八年，有鑑於當地閩籍教
員不足，爪哇學務總會的總理陳顯源、董事李雙輝，函請已歸國的陳寶琛，
於全閩師範學堂（由陳寶琛本人擔任監督的師範學校）協助物色師資，赴當
地協助教育工作，為爪哇提供以國文教學的合資格教師。[28]

　　提倡禮教亦是保存中華文化的重要儀式，陳氏於泗水到訪當地著名的孔
廟，得見當地華人尊崇孔教，每逢孔子生卒日皆輟市紀念，仿效國內制度。
自是感念於南洋華人社區仍得見中華傳統文化之興盛，乃作詩二首記之，分
別為〈泗里末謁孔子廟〉及〈舟中憶爪哇之遊雜述八首〉。詩文中提及當地
華人仍尊崇朱子之學，仰慕素王孔子（濱海縣朱學，階天夐素王），故而尊
重禮教，仍以中華文化及中國為宗（群哤衷至聖，一詔仰吾皇）。[29]又曰：
「言服化異俗，髮辮猶僅存。一朝橫舍立，群島書同文。廟祀奉至聖，天顏
拜至尊」讚揚該地華僑堅守中華文化及國族身分，期望爪哇華僑能發揚華文
（書同文），擴大中國國外影響力。[30]

　　一九〇七年六月，陳氏乘英國郵船於泗水港返國，七月返抵廈門，結束
其達九個月的南洋之旅。

## 四　結語：陳氏南洋之旅的成效及意義

　　本文以晚清官紳陳寶琛的南洋之旅為題，從時序方式，依次介紹其南洋
經歷。從中瞭解陳氏對南洋華僑的形象及其見聞。從其走訪南洋各埠的經歷
中，得見福建華僑對於家鄉建設的重視。陳氏遠渡重洋，以籌募漳廈鐵路的

---

27　陳遵統編纂：《福建編年史》下冊，頁1492。

28　陳遵統編纂：《福建編年史》下冊，頁1493。

29　〈泗里末謁孔子廟〉，陳寶琛著，劉永翔、許全勝點校：《滄趣樓詩文集（上）》，頁93。

30　〈舟中憶爪哇之遊雜述八首〉，陳寶琛著，劉永翔、許全勝點校：《滄趣樓詩文集
　　（上）》，頁93。

經費為目的，尋求南洋華僑的經濟支持。從這方面來看，他的任務某程度上來說是成功的。漳廈鐵路最初雖以六百萬元為股本，而南洋招股所得，最終為一百七十萬元左右，大概為總目標經費的三分之一弱，其中鉅額股本認購者多半出自華僑。[31]獲得此股本後，閩路公司再於福建省內進行籌募，惟所得有限，最終公司決定以先修築漳廈之間的鐵路段，並於一九一○年，經陳寶琛籌辦經年而得完成，漳廈鐵路由是得名。鐵路原先計畫待公司經費寬裕，以利潤餘款或借貸，再另建其餘二段，可惜漳廈鐵路自陳氏離任後（1909年，陳氏因張之洞推薦上京任職，後成為帝師），經營不善，加上鐵路本身選址地點不佳的缺憾，最終於一九一四年被民國政府所接管，民營鐵路的歷史宣告終結。民族鐵路的努力雖然失敗，但華僑於晚清對建設家鄉的貢獻及熱情，仍反映出僑胞雖處異地，但仍關心鄉梓的情感紐帶。

　　另一方面，從陳寶琛南洋之行，亦可得見他對推動福建僑民在東南亞的華文教育活動的貢獻。陳氏作為晚清福建地方教育的推手，以努力保存南洋華人社區的中華文化為己任。在籌募鐵路經費的同時，亦對各地華僑的教育表達相當的關切及提供支援。其中尤以前文所述以福建培育的本地師資，赴南洋推動華語教育及推廣中華文化工作，成為早期東南亞華文教育的間接推動者。此一影響，甚至相較於漳廈鐵路的籌建更具意義和深遠。

　　最後，陳氏的遊歷及其南洋印象，亦反映出晚清傳統文人對近代化城市的觀察及感受，而以詩歌形式表達其遊歷感想，寫成《南游草》詩集傳世。然而，陳氏對南洋的視角及其認識亦有其盲點。例如，他所接觸的地方僑商多為改良派的支持者尊孔、忠清的一面，而忽略當時革命派在南洋傳播的影響，亦有其局限性。[32]

---

31 陳寶琛：〈閩路續籌招股乞假兩個月回籍規畫折〉，載氏著，劉永全、許全勝校點：《滄趣樓詩文集》，頁785-787。是時閩路公司所籌得股款，相較其他地區如廣東的一九五八萬、潮汕的三〇二萬、浙江的九二五萬為少，是同時期修建鐵路中股本較不足的省分。參見全漢昇、何漢威：〈清末的商辦鐵路〉，載全漢昇：《中國近代經濟史論叢》（臺北市：稻鄉出版社，1996年），頁446。

32 關於晚清南洋革命運動的概況，可參考顏清煌，〈辛亥革命與南洋華人〉，《辛亥革命與南洋華人研討會論文集》（臺北市：中央研究院近代史研究所，1986年），頁410-423。

第六章

# 民國初年清遺民的復辟運動與政治思想探研：以陳寶琛為中心

　　遺老群體的研究現今已成為一門備受學界重視的顯學。近年周明之和林志宏出版的新書亦對遺老間的政治行動和文化特質加以研究。而他們的研究主要集中於過往較熟悉的人物如鄭孝胥、王國維、羅振玉、梁濟等，對於遺老當中尤為重要的陳寶琛卻著墨不多，因此，本章欲以陳寶琛在清末民國時期由復出至革命後他從事的帝師、遺臣生涯為對象，探討他此時期的事功和貢獻。

## 一　晚清時期陳寶琛的政治參與

　　自一八八五年被貶以後，陳寶琛一直隱居於家鄉螺洲，從事地方建設，終光緒朝不得入仕，原因是慈禧太后和當權派對清流人士的厭惡，以致陳氏仕途受阻，直至慈禧和光緒先後去世，陳氏始得以在張之洞力薦下，得溥儀的父親——攝政醇親王載灃同意其入朝任事。[1]

　　在他復出之前，原有三次機會復出，第一次是一八九五年甲午戰爭以後，恭親王和李鴻藻復出任軍機大臣，欲用清流舊臣，時因陳父承裘去世，需依禮守制而罷。[2]第二次是一八九八年戊戌維新時期，光緒帝屬行新政，

---

1　張允僑：〈閩縣陳公寶琛年譜〉，《滄趣樓詩文集》，頁745。
2　張允僑：〈閩縣陳公寶琛年譜〉，《滄趣樓詩文集》，頁728。

時任湖南巡撫陳寶箴欲舉薦陳寶琛入京，惟因新政百日事敗無疾而終。[3]第三次是一九〇〇年李鴻章於晚年起用其婿張佩綸，張向李氏舉薦陳寶琛，當時軍機大臣榮祿因陳氏對其曾批評，素已不滿，因此不同意此一任命。[4]最終此三次復出機會與陳氏擦身而過，直至一九〇九年，慈禧太后去世，時任漢軍機大臣張之洞，向載灃重新舉薦陳氏，遂於二月奉旨赴京，預備召見。三月，清廷下旨任命陳氏為「會同禮部總理禮學館事宜，兼綜纂訂」，並開復一切處分。[5]

然而禮學館職務終歸為清官閒職，未能主理軍國大事。一九一〇年三月，清廷補授陳氏內閣學士兼禮部侍郎銜，在得以官復原職，獲得平反後，陳寶琛在他的議恩折中以：「賈誼之於宣室，非復少年。蘇軾之值禁林，永懷先帝」來表示對朝廷的忠貞。同年十二月，授與陳氏為經筵講官，授皇帝經義學問，並獲擔任為資政院議員。[6]

陳氏在京的三年間的主要事功主要有二事。首先，為戊戌維新人士平反。一九一〇年，清政府成立資政院，為中央議事機構並為立憲作準備，陳寶琛獲委任為資政院碩學通儒議員。[7]在院會召開後，他便聯同一眾議員聯袂上書為楊銳等人平反。[8]事實上，陳氏支持維新變法早已有跡可尋。戊戌維新時期，他與力鈞等人在福州設立蠶學會，提倡實業思想。[9]再者，戊戌六君子之一的林旭，便是陳氏老友沈瑜慶之婿，這些皆成為陳氏替他們平反

---

3  張允僑：〈閩縣陳公寶琛年譜〉，頁729。又陳衍：《福建通志》云：「戊戌變法湘撫陳寶箴論薦，以政變罷行」，參陳衍：〈陳寶琛傳〉，氏著：《福建通志》，列傳清八，總卷34，頁60。

4  張允僑：〈閩縣陳公寶琛年譜〉，《滄趣樓詩文集》，頁731。

5  張允僑：〈閩縣陳公寶琛年譜〉，《滄趣樓詩文集》，頁745。

6  張允僑：〈閩縣陳公寶琛年譜〉，《滄趣樓詩文集》，頁749。

7  〈資政院第一次常年會第二號會議場速記錄〉，李啟本點校：《資政院議場會議速記錄》（上海市：三聯書店，2011年），頁3。

8  〈資政院第一次常年會第二十九號會議場速記錄〉，李啟本點校：《資政院議場會議速記錄》，頁419-420。

9  桑兵：《庚子勤王與晚清政局》（北京市：北京大學出版社，2005年），頁240。

的重要原因。[10]是時，反對維新的慈禧太后、榮祿皆已去世，政治氣候相對開明，故一眾議員以德望較高的陳寶琛名義，上奏〈在資政院請昭雪楊銳等提案文〉。文中，陳氏重申楊銳等人因「登進之驟、眷任之隆，取忌同朝，構成疑獄」以致六君子「沉冤未白」，故請求清廷為他們「降旨昭雪……開復原官，加恩贈卹，以慰幽魂而饜眾論」。[11]

其次，參與憲政運動、籌組政黨。一九一〇年，在清廷宣布預備立憲後，時任帝師的陳寶琛，積極與政府要員參與籌備事宜，並組織同志，結成政黨。同年，以主張立憲之官僚為主的預備立憲公會，亦告成立，陳寶琛亦為創會成員之一。[12]除此以外，陳氏又於資政院內籌組帝國憲政實進會，並擔任會長，該會成員多為建制內的欽選議員和朝廷大臣，屬於政治立場較保守，支持政府的政黨。[13]一九一一年，革命事起，全國各地爆發武裝革命，陳寶琛亦針對時局，向載灃力陳刷新政治的重要性，推行憲政的重要性。[14]

一九一一年五月，陳氏被任命為山西巡撫，原有出任地方大員的機會。然當時慶親王奕劻主政，與陳氏不和，乃以陳氏拒拜謝而遂罷其任命，改授侍郎候補兼毓慶宮授讀，改任閒職。但是，充當帝師卻成為陳寶琛的人生轉機。同年，辛亥革命爆發，各地激起民變，督撫多有被殺、自戕者。陳氏因得罪樞臣而未能封疆，反而以帝師職而倖免於難，轉危為安，後來陳氏以首席帝師成為遜清朝廷的核心人物，自是始未料及之事。

從以上事功可見，陳寶琛的政治態度並非完全保守，他既支持戊戌維新中的推倡實業、政治改良的思想，亦支持立憲，籌組政黨，參與清季立憲，可見他是一個屬於提倡建制內改革，具覺醒精神的在朝官紳。這跟辛亥革命

---

10 林旭為沈葆楨孫女之夫婿，陳寶琛與沈葆楨之子沈瑜慶為同鄉故友，陳寶琛稱與沈二人為「年嘉世舊」。見林公武、黃國盛主編：《近現代福州名人》，頁195-198；陳寶琛：〈沈濤園中丞六十雙壽序〉，《滄趣樓詩文集》，頁332-335。

11 陳寶琛：〈在資政院請昭雪楊銳等提案文〉，載《滄趣樓詩文集》，頁295-296。

12 宗方小太郎：《1912年中國之政黨結社》（北京市：中華書局，2007年），頁113-114。

13 宗方小太郎：《1912年中國之政黨結社》，頁120-123；另參張玉法，《清季的立憲團體》（臺北市：中央研究院近代史研究所，1985年），頁97。

14 陳寶琛：〈危亡在即披瀝直陳折〉，載《滄趣樓詩文集》，頁886-887。

前一些具進步意識的遺老，如鄭孝胥、梁濟等人的主張維新的態度一致。隨著陳寶琛升任為帝師，他在宮廷的尊崇亦隨之日增，充當起議會領袖，顧問大臣等職位。然而，辛亥革命的出現，再一次將他的政途添上變數，轉變為「遺老」，他在民國政治上的角色更形重要。

## 二　辛亥革命後陳寶琛的政治角色

　　一九一一年的辛亥革命的衝擊，令不單令清政府不少清政府倒臺，亦改變一眾在朝官員的命運。這些舊臣或出仕民國為官，繼續於政壇上叱咤風雲，或是選擇不仕新朝，隱居從事學問，成為文化遺老。但是，像陳寶琛一樣留在紫禁城中，繼續效忠於清廷，充當遺臣者實屬寥寥無幾。不少陳氏的友人自革命後即勸他歸隱自保，但他卻認為自己應該持守忠義之道：「吾起廢籍，傅沖主，不幸遭奇變，寧恝然遺吾君，苟全鄉里，名遺老自詭耶？」[15]又云：「半年來日在左右，禮遇優渥，論義論情，均難恝捨」。[16]可見陳氏晚年受聘為帝師，與載灃、幼帝建立起之信任之情。且不欲成為只持守文化道統的隱世遺老，而甘願充當遺臣，以帝師一職輔助溥儀，自此亦注定他終身以遺臣事君的命運。

　　研究者指出，從民國成立以後，遺老在政治思想上皆出現一些轉變，即拒絕接受新制度、新思想，並極力提倡國學、國故，用以復興舊文化和舊體制。[17]陳寶琛與大多同時期的遺老一樣，屬於開明改革者，容許政治制度的改良，雖然年輕時主張維新，但他終歸是受傳統教育出身的士人，加上身為帝師，對於維護道統、君主政體這一立場仍是十分堅持。早於晚清時期，陳氏在南洋為籌辦鐵路募款時，便勸喻參與革命的友人黃乃裳斷絕與革命分子

---

15 郭肇民：〈我所知道的陳寶琛〉，載《福建文史資料》第5輯，頁72。

16 陳懋復等：〈誥授光祿大夫晉贈太師特諡文忠太傅先府君行述〉，載《滄趣樓詩文集》，頁593；另又見陳衍：《陳寶琛傳》，載《滄趣樓詩文集》，頁603。

17 周明之：《近代中國的文化危機：清遺老的精神世界》（濟南市：山東大學出版社，2009年），頁39-54。

之來往，務求自保。另外，他對晚清新政時部分知識分子主張的虛君主憲論和革命論，便持極力反對的意見，並認為這是導致禮教淪喪、天下混亂的根源：「其時（晚清新政）朝廷方屬行立憲，異說蠭起，排斥禮教，而皆託於新學。」[18]更甚者，他在革命以後，開始對於中國這種不斷鼓吹變法，以致失去根本的禮教制度的思想出現抱怨，云：「數十年間，變法之聲偏於朝野，一變再三變，乃盡舉政俗之舊坊而先自壞之，以釀成今日之天下哉！」[19]從此可見，對陳寶琛而言，辛亥革命後的政治環境絕非他所盼望的理想政治體制。他所期盼的，仍是一個強調君主集權和傳統禮教為主體的政府，故此，顯然他的政治理念已經與同時代的主流出現衝突。

## 遺老的文化符號

除了政治理念的差異以外，民國時期的清遺民有不少獨特的文化符號。陳三井提出，清遺民在國變之間，他們的心態和言行都有一些特定的表徵，皆屬於緬懷和效忠清室的表現，成為遺老在文化界、老輩間保持自己身分認同的標準。文化符號越多，持守越徹底，越視之為忠誠。這些行為包括：修志撰史、不斷髮不易衣冠、沿用甲子記年、避居租界和以死殉清等。[20]至於陳氏的遺民表現，除了沒有以死明志以外，其他皆有跡可尋：

第一，修志撰史方面，一九一一年秋，陳寶琛以弼德院顧問大臣領銜，充任編纂《德宗本紀》、《德宗實錄》副總裁（後來繼任總裁）一職。國變後仍舊修撰，至一九一六年十月，《德宗實錄》成，獲封為太保。而修史之職責誰屬甚至成為陳寶琛指摘其他舊臣的依據，當時民國政府欲修《清史稿》以招攬國內人心，安撫遺臣，任命前東三省總督趙爾巽為清史館館長，即被陳寶琛譏諷為「貳臣」，原因在於新朝修前朝史乃王朝覆滅以後才會發生，

---

18 陳寶琛：〈郭春榆掌院六十壽序〉，《滄趣樓詩文集》，頁336。
19 陳寶琛：〈梁君伯通六十壽序〉，《滄趣樓詩文集》，頁332。
20 陳三井：〈濺淚民國：論清遺民的辛亥革命觀〉，載武漢大學，《紀念辛亥革命100週年國際學術研討會》（武漢市：編者，2011年），頁324-330。

趙氏允諾修清史，無疑是同意清朝經已滅亡，有毀清室名譽。反之，新任君主修前任君主之《實錄》乃表示王朝承祚如常。故此，陳氏乃堅持協助修《清史稿》，並表達對趙氏舉措的不滿，高調向民國官員說道：「我是清朝官，我編清朝史，我吃清朝飯，我做清朝事」，強調大清國依然存在的意思。[21]

第二，不剪辮不易冠。自清亡以來，去辮和穿西服成為國人走向文明的形象。革命以來，沒有成為遺臣的舊官員響應自不在話下，至於仍留於宮內之大臣，亦有不少相繼剪辮。及至溥儀受莊士敦的鼓勵親自剪辮後，在宮中這種留辮的傳統，便只剩下陳寶琛與朱益藩二人。[22]

第三，沿用甲子記年。甲子是一般文人在詩文畫作記年的一個方法，亦有以年號記之。國變後，陳氏的詩文畫作一律不寫民國年號，用以抗拒民國統治之意。例如陳氏親書贈給莊士敦的詩，其下款便以庚申用來記錄一九二〇年，這種記錄比比皆是，也是遺老間常用以明志的方法。[23]

第四，拒絕出仕。陳寶琛在官場甚有名氣，民國成立後，袁世凱、段祺瑞等人皆曾敦請陳氏出山，皆為陳氏所拒。除充任帝師外，陳氏晚年亦在家教導子孫學問，對他們管教甚嚴，除了鼓勵從事學問，出國留學，亦有家訓列明：「不准外出作事，尤不許入宦途」，嚴禁出仕民國。[24]他亦經常向子弟講唐魏徵的〈述懷〉詩，內容大意為高祖知人善任，起用魏徵，為報答知遇之恩，魏氏決意終身效忠李唐。陳氏以之自比喻明清室對他晚年的恩寵，用以訓迪子弟，導之忠義。[25]

第五，詩文酬唱。遺老間組成詩社，撰寫詩詞抒發對故國情意，也是遺老們的慣常文化活動。陳寶琛即在天津與胡嗣瑗、陳曾壽、徐沅等人成立「須社」，陳氏在此期間撰寫大量著名的遺老詩詞，留傳後世。[26]

---

21 愛新覺羅‧溥儀：《我的前半生》（北京市：群眾出版社，2010年），頁64。

22 莊士敦著、高伯雨譯：《紫禁城的黃昏》（香港：牛津大學出版社，2012年），頁126。

23 在莊士敦的回憶錄中可見陳氏贈與莊士敦畫作真跡圖片，見莊士敦著、高伯雨譯：《紫禁城的黃昏》，頁36。

24 王森然：〈記陳寶琛〉，載《滄趣樓詩文集》，頁607-609。

25 張允僑：〈閩縣陳公寶琛年譜〉，《滄趣樓詩文集》，頁751。

26 陳曾壽：〈聽水齋詞序〉，《滄趣樓詩文集》，頁616。

# 三　辛亥革命後的政治事件

　　民國成立後，清室受清室優待條例保障，溥儀的生居起居受到政府保護，仍居於紫禁城，並保有「宮廷」和他的一眾內廷侍臣。是時，清室的規模與革命前政府已今非昔比，大不如前。但身為帝師的陳寶琛在宮廷中的角色，卻日益重要。他的政治重要性，除了帝師的身分外，亦與他在帝師和遺老間的前輩身分有關。莊士敦在他的回憶錄中評價陳氏是「師傅中群中的老前輩」、「得君之專」。[27]這個評價十分確切，在溥儀早期帝師群中，主要成員有陸潤庠、陳寶琛、伊克坦、朱益藩等，後來又加入梁鼎芬。在他們的地位中，除了陸潤庠官拜體仁閣大學士、弼德院院長，月俸一千元，地位尊崇外，其餘皆為陳寶琛之後輩。陳寶琛受帝師任命前後，官至弼德院大臣、資政院政黨領袖、內閣學士兼侍郎候補，月俸八百元，地位僅次於陸氏。其他帝師如伊克坦為都察院副都御史，月俸只得六百元。朱益藩則為陳寶琛在江西任學政時提攜的學生，梁鼎芬乃後來經陳氏引薦入宮接替陸潤庠的師傅。因此一九一五年陸氏去世前，陳寶琛在宮廷是漢師傅中的領袖，至陸氏去世後，他在師傅間的領袖地位便更為穩固，亦被視之為全國遺老間的重要領袖。[28]

　　除了老輩間的地位外，陳寶琛得以備受榮寵更重要的原因，來自於溥儀對他的絕對信任。在《我的前半生》中，溥儀提出影響他一生成長的兩個重要人物，一個是陳寶琛，另一個是他的洋文師傅莊士敦。尤其在莊士敦來華擔任英文師傅前，陳氏更是向溥儀真正講授時務知識的老師，他在回憶錄提到：

> 對我影響最大的師傅首先是陳寶琛，其次是後來教英文的英國師傅莊士敦……（陳寶琛）辛亥革命前夕被起用，原放山西巡撫，未到任，

---

27　莊士敦著、高伯雨譯：《紫禁城的黃昏》，頁33、37。
28　莊士敦著、高伯雨譯：《紫禁城的黃昏》，頁35。

被留下做我的師傅，從此沒有離開我，一直到我去東北為止。在我身
邊的遺老之中，他是最穩健的一個。在我當時的眼中，他更是最忠實
於我，最忠實於大清的一個。在我感到他的謹慎已經妨礙了我之前，
他是我唯一的智囊。事無鉅細，咸待一言決焉。[29]

　　從溥儀的自白中透露出他們二人深厚的師徒關係。事實上，在遜清帝室
中，即便是另一位對溥儀思想洋化具有影響的洋人莊士敦，與陳寶琛相比，
也只能說是對溥儀西化有所影響，在宮中的影響力十分有限。陳氏之在於宮
廷有不可或缺的地位，一方面是他在帝師中的前輩身分，令他在遺臣、遺老
間得以建立權威形象。另一方面由於他的遺臣領袖地位，舉凡宮內大小事
務，皆由他所決定，「事無鉅細，咸待一言決焉」，由此亦可見此時期他對溥
儀的思想教育和政治行動（包括復辟運動）皆有著重要影響。

　　我們從早期溥儀的帝皇教育中亦可略知一二。據溥儀自述，他早期的教
育與傳統帝皇的課程安排大致相同，主要以教授傳統理學和帝皇之學為主。
各師傅分別負責傳授治亂興衰之道理、漢文、滿文等，涉獵的課本不外乎是
《孝經》、《爾雅》、《十三經》、《朱子家訓》、《聖武記》、《大清開國方略》等
書籍，唯一不同的是溥儀多了一門英語課，學習英譯《四書》和《Alice in
the Wonderful Land》兩本書，但只是一些粗淺的英語教育。[30]這些教育素材
令溥儀深感沉悶，他唯一感到興趣的反而是師傅們在題外話間講述的事物。
陳寶琛作為首席師傅，除了他的漢文師傅職責外，在每天早晨，他都與溥儀
講授時事，這也是溥儀每天獲悉重要國內新聞的渠道，當時民國政治，包括
南北不和、督軍火拚、府院交惡等事，陳氏都會向他詳加講解，並加以評
論，說明民國政治如何「混亂不堪」，又回首康乾盛世的繁盛，然後對溥儀
提及民國不得人心，大清早晚必將復辟，勸勉他努力學習做一個好君主。除
此以外，陳寶琛亦向溥儀教授為君之道和忠義之道。從陳氏對溥儀的教育內

---

29 愛新覺羅・溥儀：《我的前半生》，頁47。
30 愛新覺羅・溥儀：《我的前半生》，頁43。

容中可見，陳氏仍將溥儀視之為一個帝皇，對他教授治國之道，並給予他復辟的期盼和期許，這些教育便從小加強了他的決心，成為日後溥儀執意復辟的遠因。[31]

## 四　陳寶琛與復辟運動

在政治行動上，作為首席師傅，陳寶琛在宮中更重要的是擔任起決策者的角色。事無大小，皆由他親自裁決。例如宮內人事任命，如人事的舉薦、在數次重要宮廷事件中，陳寶琛皆起著重要作用。例如一九一七年的張勳復辟、一九二三年溥儀避走天津事件，以及一九三一年溥儀移駐長春三次重要政治事件，陳氏皆參與其中。此節即討論陳氏於三次事件中的立場及其政治地位之轉變。

一九一七年的張勳復辟事件，又稱丁巳復辟，近人已有詳細研究，[32]以下欲探討陳寶琛在事件中的參與及其立場。該事件起源於徐州有力軍閥張勳於袁氏死後欲豎立個人於眾軍閥間之威望形象，加上他對復辟的個人主觀意願，由是張以召開徐州會議之時機，與康有為、梁鼎芬等遺老聯絡，商研復辟之可行性。在德國允諾為張的復辟軍事行動提供物資支援後，張勳竟毅然發動復辟，成為震驚中外之大事件。[33]

在此事件中，陳寶琛的參與，雖然現今掌握的材料不多，但從張勳與遺老們早期的接觸，尤其與劉廷琛、梁鼎芬的密切聯繫可見，他們很大可能是張勳與宮廷和陳寶琛之間的接頭人，《復辟紀實》即云：「劉廷琛亦主謀復辟之中堅人物，來京時住陳寶琛宅中，一切偽諭多預其謀」。[34]因此可以肯定陳寶琛不單對復辟一事知情，而且是居中劃策者。徐州會議結束後，六月初，

---

31　愛新覺羅・溥儀：《我的前半生》，頁46-48。
32　胡平生：《民國初期的復辟派》，頁141-353。
33　胡平生：《民國初期的復辟派》，頁141-170。
34　魁生：《復辟紀實》（臺北市：文海出版社，1996年），頁81。

張勳北上，重組內閣，並開始積極謀劃復辟事宜。[35]十六日，張氏第一次面見溥儀，並與陳寶琛、梁鼎芬二人會面。[36]七月一日，張勳與一眾遺老，包括康有為等人，再次入紫禁城謁見溥儀，並宣布復辟。[37]陳寶琛與張勳等同獲委任為七名議政大臣之一。[38]溥儀「復位」後，陳寶琛隨即向溥儀進行了兩項建議，其一，命梁鼎芬勸時任大總統黎元洪退位；其二，支持張勳禁止親貴干政的政策，並得到溥儀同意。[39]雖然張勳這次以大軍入京保護廢帝，然而復辟之舉惹來段氏以護國之名組織討逆軍討伐，張勳之定武軍頓成眾矢之的，旋即潰敗，復辟之夢終成泡影。陳寶琛在北京城身陷危難之際仍抱最後一線希望，與王士珍、張勳等草擬上諭召張作霖入京來援，唯信件被擒獲，北京城亦短短數天即被攻陷，張作霖亦於七月五日宣布反對復辟，最後之希望亦告粉碎。[40]最終張勳以敗走荷蘭使館作結束。

回顧此次事件，陳氏等人自然對此得而復失的復辟深感失望，然而這亦次倉促籌謀，引致清帝身陷危機的教訓，亦給他對以後復辟籌謀的舉措更為警惕。從劉廷琛與陳氏在復辟事件的通信中，二人檢討了失敗的原因，並表示今後再籌謀復辟，必須針對形勢，臥薪嘗膽，靜待時變。[41]從此這便不難了解日後陳寶琛對於出走日本和建立偽滿洲國一事皆主趨謹慎。

## 出宮事件

張勳復辟失敗後，由於段祺瑞和殷世昌的安排，對清帝及遺老們的復辟

35　胡平生：《民國初期的復辟派》，頁211。

36　愛新覺羅・溥儀：《我的前半生》，頁69。

37　魏生：《復辟紀實》，頁52-53。

38　胡平生編著：《復辟運動史料》（臺北市：正中書局，1992年），頁188。

39　愛新覺羅・溥儀：《我的前半生》，頁71-72。

40　愛新覺羅・溥儀：《我的前半生》，頁73；另參〈張作霖復辟反對ノ旨各省ニ通電ヲ發シタル件〉，日本外務省編，《日本外交文書》，大正六年，第2冊，1917年7月5日，頁58-59。

41　林志宏：《民國乃敵國也：政治文化轉型下的清遺民》，頁125。

責任不予追究，生活又如常地過了幾年。此時陳氏對於復辟仍然抱有希望，他在溥儀的授課中仍不斷以《孟子》中的「故天將降大任於斯人也，必先勞其心志」為勉勵之說話，他和溥儀皆相信，軍閥混戰，民國不得人心，只要溥儀能表現出「聖德日新」的儀表，以國民仍思念舊君之情，清室最終必能復辟。[42]然而，這樣的想法不免是陳氏和溥儀單方面的不切實際思想，革命的潮流依然繼續，一九二四年九月，第二次直奉戰爭爆發，影響延及北京，至十月，與吳佩孚不和之馮玉祥發動北京政變，佔據北京。馮玉祥素來主張革命，反對清室保留「朝廷」，十一月五日乃派鹿鍾麟等人入紫禁城知會國務院與清室「商討」修正清室優待條件事宜，實為脅迫。面對此一環境，溥儀唯有勉強同意修改優待條件，放棄皇帝尊號、遷出宮禁。[43]同意廢除帝號，對於溥儀和一眾遺老而言，只是避免流血革命的緩兵之計，但是溥儀由於仍居於馮玉祥安排下的北府，受到警察嚴密監視，深感人身安全備受威脅的溥儀及一眾帝師，於是考慮逃出北府，以尋求使館保護。當時陳寶琛、莊士敦和鄭孝胥三人可說是主導整個出走事件的主角。起先他們以莊氏與英國方面熟稔，考慮將溥儀送至英國使館，然而英方為免得罪民國政府，拒絕收容。莊旋即到荷蘭使館，又遭婉拒。[44]此時鄭孝胥提議溥儀至日本使館暫避，聯絡日本駐北平全權公使芳澤謙吉，尋求日方保護。最終日方同意溥儀進入使館，翌年溥儀移居天津日租界內的張園，開始其寓公生活。至於陳寶琛則隨帝移居天津英租界，仍維持每日進講、謁見。[45]

---

42 愛新覺羅・溥儀：《我的前半生》，頁87、98。

43 胡平生編著：《復辟運動史料》，頁291-303；胡平生：《民國初期的復辟派》，頁397-411；愛新覺羅・溥儀：《我的前半生》，頁120-122。

44 胡平生：《民國初期的復辟派》，頁420-425。

45 溫肅：〈陳文忠公小傳〉，《溫文肅公文集》，轉載自《滄趣樓詩文集》，頁605；張允僑：〈閩縣陳公寶琛年譜〉，載陳寶琛著，劉永翔、許全勝校點：《滄趣樓詩文集》，頁762-763。

## 五 陳寶琛與日本結援之態度

　　陳氏對日本的認識和聯繫，主要有兩方面，一方面來自他的外甥劉驤業，劉氏為日本留學生出身，屬知日派，經常赴日，與日本政界人物關係密切，亦是陳氏與日本聯絡的接應。另一方面，是日本在華外交官池部政次和芳澤謙吉，池部與陳氏早於陳氏在閩時為舊識，受業於東文學堂，後來擔任日本使館參贊。[46]一九二三年關東大地震，東京受災，陳氏從池部口中得知消息後，便以溥儀名義赴日使館慰問，並捐助逾三十萬美元的財物，成為兩者結援的基礎。當時陳氏即向溥儀言及：「此舉之影響，必不僅此」。[47]後來芳澤與陳氏之關係日深，亦成為日方對溥儀提供支援的其中原因。

　　在溥儀移居張園以後，遺老們日夕尋求成功復辟的方法和路線問題。與此同時，遜清帝室內各遺老的權力逐漸出現變化，尤其鄭孝胥和羅振玉此時的加入，令遺老間開始對復辟路線出現不同意見。據溥儀自己的分析，天津時期對於復辟的出路有三個主流意見：第一派屬於「還宮派」，以陳寶琛、胡嗣瑗等舊臣為首，他們仍抱持靜觀時局以待變的態度，力主穩健。第二派屬於「出洋派」，以羅振玉為首，主張尋求外國援助，主要是與日本交好，又被稱為「親日派」。第三派是主張資助具復辟思想的軍閥，借助其力量還宮復辟，溥儀自稱是信奉此派者。[48]值得留意的是，陳寶琛在遺老間固然仍是位居首席，然而復辟路線的不同，卻成為日後陳氏與溥儀思想出現分歧，最終師徒分別的伏筆。

　　一九二五年，正當溥儀剛移駐張園不久，日方與羅振玉等人便不斷試探溥儀是否有東渡日本的打算。從外務省的《日本外交文書》中亦可發現日本政府多方關注溥儀的動向及遺老間的態度。當時更有傳溥儀有出外留學的想

---

46 溫肅：〈陳文忠公小傳〉，《溫文肅公文集》，轉載自《滄趣樓詩文集》，頁604-605；另參《我的前半生》中溥儀自述溫肅所言：「陳寶琛有曠世之才，與芳澤甚密」，可藉此關係「厚結外援，暗樹勢力」，載愛新覺羅・溥儀：《我的前半生》，頁148。

47 愛新覺羅・溥儀：《我的前半生》，頁119。

48 愛新覺羅・溥儀：《我的前半生》，頁143-144。

法，計畫中有留學英國或日本之打算。日本政府遂動員向鄭孝胥及羅振玉多方勸說，欲爭取溥儀在日留學。他並不贊同羅振玉的渡日方案，斥之為「魯莽乖戾」，並認為羅振玉誇大了日本的援助，言過其實，未可妄動。[49]其他遺老如胡嗣瑗、鄭孝胥亦同意他的想法。按陳氏的分析，出洋惹來國內人士對帝室勾結外國的不滿，損害形象。而且陳氏判斷，馮玉祥政權不能持久，待段祺瑞等人重新掌權後，便可望恢復清室優待條件，返回北京紫禁城並恢復皇帝稱號。但是陳氏的寄望並沒有實現，隨後入主的張作霖、吳佩孚對恢復清室優待條件一事反應冷淡，「還宮派」的美夢終成畫餅。[50]

遺老們在還宮希望破滅後，便將重點由還宮轉移至連結軍閥和尋求外國勢力協助復辟。動用其在日人脈，爭取日本對溥儀的保護。然而與羅振玉的留日方案不一樣，陳氏只是贊同借助日本為保護溥儀安全的勢力，並非作為日本的傀儡。這在溥儀赴長春建立偽滿洲國前數年的立場清楚可見，他對於日本的態度，與鄭孝胥、羅振玉等人對日本具有幻想和完全信任的想法具有重大分別。

在眾多遺老中，羅振玉可說是對日本最為信任，他一直希望溥儀能在日方的保護下進行復辟。在一九二七年，第一次渡日計畫失敗後，羅振玉仍千方百計籌謀溥儀離開天津渡日，或是赴大連或長春，以圖獲得更大政治空間。然而陳寶琛和鄭孝胥對此建議亦不同意，認為應靜觀待變。然而一九二八年前後的幾個重要政治事件，包括國民革命軍北伐、張作霖被殺、孫殿英盜東陵案等，令鄭孝胥的想法開始轉變，急需尋求租界以外更強力的保護。另外，鄭氏在津期間的資助軍閥和外國政客的政策，一直未取得任何實際效果，也令他開始尋求更進取的方法達成復辟的理想。最終，在日本黑龍會等人的勸說下，鄭孝胥父子於同年九月一同赴日進行遊說活動，並獲得軍方右派人物同意，在關東軍的保護下，確立「以奉天為恢復之基」的偽滿洲國構

---

49 張允僑：〈閩縣陳公寶琛年譜〉，載陳寶琛著，劉永翔、許全勝校點：《滄趣樓詩文集》，頁769。

50 愛新覺羅‧溥儀：《我的前半生》，頁146-148。

想。[51]然而,陳寶琛對於鄭氏此一想法卻不甚同意,並對溥儀說道:「不管黑龍會也罷,還是什麼權勢人物也罷,都是些在野的勢力,說話可以完全不負責任,因此,除了日本公使和領事館以外,誰的話也別信」。[52]這句話事實上點出了陳和鄭、羅兩派對日方針的不同。鄭、羅依賴的是軍方右翼組織黑龍會及其背後的關東軍。關東軍為了強化對東北控制,欲利用溥儀在滿洲的餘威,成立傀儡政權,加強對該地區的掌握和滲透。但此一對華政策,卻並非日本政府和外交部已經確定的立場。因此,一直小心謹慎的陳寶琛認為鄭氏的提議風險極高,故此一直反對溥儀遠赴東北。由於陳寶琛和他的支持者反對,加上日本政府未作表態,令溥儀始終未能作最後決定。此事由一九二八年一直醞釀至一九三一年九一八事變,關東軍佔據東三省,確定建立滿蒙獨立政權的方針,令鄭氏和溥儀最終下定決心開赴長春進行「復辟大業」。為避免陳寶琛的阻撓,溥儀全權委託鄭、羅二人暗中與關東軍進行交涉。一九三一年九月二十二、三十日,關東軍代表土肥原賢二先後與羅振玉、溥儀等人會面,商談建立偽滿洲國事宜細節。同年十一月二日,土肥原再次到津與溥儀會面,同意復辟之政權為「帝國」,並恢復大清帝號,令溥儀最終同意成行。[53]土肥原與溥儀的會面並未通知陳寶琛,然而消息外洩,土肥原赴津一事於翌日報紙刊載,陳氏獲訊後,隨即從北平趕回天津,對土肥原方案表示強烈反對。十一月五日,溥儀召開了一次「御前會議」,決定前途去向,會上主要由陳、鄭二人發言,陳氏從劉驤業從東京帶回的訊息中,亦令陳氏相信關東軍的做法,並未獲得日本政府認可。[54]因此在會議上面斥鄭氏只為圖謀個人的復辟理想,罔顧君上利害。[55]陳氏指出,「當前大局未定,輕舉妄動有損無益」。鄭氏則反駁陳氏想法會「錯失時機」,「不識時務,恐非持

---

51 周明之:《近代中國的文化危機:清遺老的精神世界》,頁202-203。

52 愛新覺羅‧溥儀:《我的前半生》,頁172。

53 愛新覺羅‧溥儀:《我的前半生》,頁206。

54 愛新覺羅‧溥儀:《我的前半生》,頁201。

55 張允僑:〈閩縣陳公寶琛年譜〉,載陳寶琛著,劉永翔、許全勝校點:《滄趣樓詩文集》,頁769。

重」。最終陳氏還是從謹慎的角度考慮，「上頭出來只能成不能敗。倘若不成？更何以對得起列祖列宗？」[56]最終此會議二人並無達成任何共識。然而溥儀去意已定，五日後在毫無預警的情況下，溥儀與鄭氏父子經日方協助逃離天津，前往旅順。

自溥儀北上後，陳氏與溥儀幾乎每天見面的親密師徒關係頓告終結。但是陳氏對於溥儀個人的安危與及復辟事業仍十分關心。因此，在得悉溥儀抵達旅順安頓後兩個月後，一九三二年一月，陳氏乃毅然赴旅順與溥儀會面。當時由於偽滿建國一事仍未籌謀完畢，鄭氏恐陳寶琛給予阻撓，故不欲陳氏久留，然而，最終溥儀還是與陳寶琛在溥儀下榻的肅親王府進行了簡單的會面。時日方欲以成立滿蒙共和國構思，配合其滿蒙自治的宣傳。陳氏見溥儀後，勸戒溥儀勿以日人傀儡的身分復位，必須力爭國體，並道：「若非復位以正系統，何以對列祖列宗在天之靈？」反對日人以建立滿蒙共和國之構想，推行假共和。後來溥儀再三與關東軍的板垣征四郎交涉下，最終還是未能爭取帝制，而是一個具有國會制度的偽滿洲國執政，而溥儀亦開始對關東軍協助帝制復辟的真實性表示懷疑。[57]

在陳氏第一次赴旅順了解溥儀在東北的艱困情況後，同年九月，再次北上旅順面見，並向溥儀上奏了《壬申密折》。[58]折中首先提及溥儀之情況，謂「至今竊見陛下以不貲之軀，為人所居為奇貨，迫成不能進、不能退之局，而惟其所欲為。」表示他對日人扶持下的偽滿之不信任。另一方面，力勸溥儀應堅持恢復帝位的要求，斷不可輕易答應日方放棄帝位。陳氏又於折中痛斥鄭孝胥當日力勸溥儀北上，但卻未能替溥儀與日人力爭權益，「成則貪功，敗則任咎」，令溥儀身陷困局。最後陳氏力諫溥儀應重用胡嗣瑗為輔

56 愛新覺羅・溥儀：《我的前半生》，頁207。

57 張允僑：〈閩縣陳公寶琛年譜〉，載陳寶琛著，劉永翔、許全勝校點：《滄趣樓詩文集》，頁769；愛新覺羅・溥儀：《我的前半生》，頁219-226。

58 張允僑：〈閩縣陳公寶琛年譜〉，載陳寶琛著，劉永翔、許全勝校點：《滄趣樓詩文集》，頁771。

助。面對時局「進止尤不可不慎」。[59]透露他對時局的悲觀和擔憂。在旅順兩個多月後，陳寶琛在大連離開時寄詩〈車發長春寄別行諸君子〉一首：

> 渡海瞻天互七旬，衰癃乞得自由身。
> 永懷肝食勤求瘼，習見謙光篤善鄰。
> 有忍故能當大任，不和敢說是忠臣。
> 臨分哽咽還延跂，周漢中興匪異人。[60]

詩中的「衰癃乞得自由身」道出自己身為孤忠之臣，被迫退隱的無奈，至於「不和敢說是忠臣」，便道出了他對偽滿政權不滿及跟鄭氏路線不同的寄懷。

晚年的陳寶琛，雖居於北平寓所，但仍不時透過溥儀的秘書長胡嗣瑗遞交密折。在《溥儀私藏偽滿秘檔》中，透露了陳氏對偽滿國事的想法。從一九三二年八月起至一九三五年二月陳氏去世前數月止，二人幾乎每月均有通訊，內容除了個人家事以外，主要以分析時局動向及陳氏對偽滿的意見為主。例如在國政問題上，陳氏即向胡氏分析偽滿當前形勢云：「武人得志，勢將益張，如何變化，更難預料」，對於偽滿主權獨立並不樂觀，並力諫溥儀應堅持以正統之身復位，並感嘆道：「鄙但語以作保護國之元首，不如為退位之帝王」。[61]勸勉溥儀「亟宜勉求自治，成為獨立，使人有可承認」，[62]又建議應以吏治、人才、民心為所急，務求能在日本控制以外建成主權獨立國家，以獲得國際尊重。[63]然而，偽滿在日人的全面操控下，事權全不在溥儀及鄭、羅之手，毫無獨立可言，陳寶琛的建言，亦只成為紙上空談，未能

---

59 陳寶琛：《壬申密摺》，載陳寶琛著，劉永翔、許全勝校點：《滄趣樓詩文集》，頁895-896。

60 載陳寶琛著，劉永翔、許全勝校點：《滄趣樓詩文集》，頁245。

61 遼寧省檔案館編：《溥儀私藏偽滿秘檔》（北京市：檔案出版社，1990年），頁72。

62 遼寧省檔案館編：《溥儀私藏偽滿秘檔》（北京市：檔案出版社，1990年），頁69。

63 遼寧省檔案館編：《溥儀私藏偽滿秘檔》（北京市：檔案出版社，1990年），頁77。

實現。一九三五年初，陳寶琛因急性肺炎入住德國醫院，延至同年四月，病情惡化，在兒子懋復的陪同下，口授遺折。[64]在折中陳氏言道：「伏願我皇上求賢納諫，親善仁鄰。修德乃可服人；得道方能多助。因人心之思舊，亟為遠大之圖；戒王業之偏安，宜有綢繆之計。」[65]對於溥儀的政權能否獨立，仍憂心忡忡，最後陳寶琛留下一句遺言「求為陸秀夫而不可得。」[66]道出了他一生的孤忠，亦以晚年未能盡忠事君為憾。

## 六　小結

晚年陳寶琛以帝師身分重返政壇，起初曾擔任晚清政黨領袖、帝師等職，參與立憲工作，旋因清朝覆亡而成為遺臣。革命後，陳氏作為溥儀首席帝師的身分，繼續輔助幼主，除擔任溥儀的教育工作外，亦為他的復辟工作努力，謀劃張勳復辟。然而，張勳復辟的失敗卻令他對復辟的態度轉趨謹慎。此事從後來溥儀出宮後，陳氏反對鄭孝胥、羅振玉二人連結關東軍、建立偽滿洲國之事可見一斑。最終，溥儀建立偽滿政權，成為日人傀儡，與陳氏的復位以大清正統的理想有異，決不赴日，在主君與民族之間，選擇歸隱而暗中進言的折衷辦法，成為陳氏在晚年盡其孤忠的最後努力。

---

64 張允僑：〈閩縣陳公寶琛年譜〉，載陳寶琛著，劉永翔、許全勝校點：《滄趣樓詩文集》，頁773。

65 遼寧省檔案館編：《溥儀私藏偽滿秘檔》（北京市：檔案出版社，1990年），頁119。

66 張允僑：〈閩縣陳公寶琛年譜〉，載陳寶琛著，劉永翔、許全勝校點：《滄趣樓詩文集》，頁774。

## 第七章

# 詩詞言志：陳寶琛的詩詞之學與近代時局之關係

　　陳寶琛（1848-1935）在中國近代史之地位及其重要性已如前述，而他在近代詩壇、詞壇方面亦十分著名，為近代文壇同光體的代表人物之一。[1]本文藉以討論其文學作品，與及近人對陳寶琛詩文的評價，包括詩歌和詞賦二者的作品舉偶，藉以了解其清季詩壇泰斗的地位。

## 一　陳寶琛與同光體

　　陳寶琛在近代詩壇中名氣頗盛，屬於同光體中的著名閩派詩人。在同光體詩派當中，大約可分為八大區域，而最重要的三派為贛、浙、閩派，[2]當中又以閩派為最大宗，其所佔詩人比例最多，亦最具代表性。在晚清文壇中，同光派是一個具有時代變革特色的文體之一。同光者，顧名思義為同治、光緒年間起始文壇興起的文風，其特色是摒棄獨尊唐代重視文字修飾，單重文學藝術價值的風氣；相反，同光派文學家，由陳衍提倡復興「三元」時代：唐代開元、元和、北宋元祐年間的文風，放棄浮華的字句，轉而在詩中帶出關懷時局的內容，代表人物包括杜甫（712-770）、韓愈（768-824）、蘇軾（1037-1101）與黃庭堅（1045-1105）。而同光體詩人主要宗尚於此四

---

1　錢仲聯：〈論同光體〉，載氏著：《當代學者自選文庫：錢仲聯卷》（合肥市：安徽教育出版社，1999年），頁190-215。

2　贛派代表有陳寶琛的學生陳三立、浙派代表人物有沈曾植、閩派代表則以陳衍和鄭孝胥最為著名，參見汪辟疆：〈近代詩派與地域〉，載氏著：《汪辟疆說近代詩》（上海市：上海古籍出版社，2001年），頁1-48。

家。[3]這種風氣的轉變，與清中葉以來重視經世思想殊有關係，[4]故同光派詩人放棄唐初純粹創作藝術文學的之風，轉而效法唐中葉和北宋中後期因內憂外患交迫形勢下，重視文以載道的文學風氣。因此，同光派的詩文往往被稱之為「宋詩派」或稱為「宋詩運動」。[5]根據文學研究者的提出，同光派詩人的作品具備以下幾項特色：

首先，抒發對社會的危機感和呼籲變革。由於同光派詩人多為愛好理學的學者。相信謀求社會變革改進的重要性。故其文學作品中往往有批評清政府施政問題的言論在其中。

其次，具有強烈的愛國思想。對時局，尤其是邊防問題的重視，是晚清士人具有經世思想所產生共同關注的議題之一。同光派詩人往往以晚清和近代史事作為寫作題材，借機詠物，慨嘆國家備受列強侵略。

第三，描繪異國生活情調的詩歌。同光體作者多為晚清時期的官員、知識分子，加上他們多留意經世之學。故此，文學作品中亦提及不少外國生活情調的詩歌。例如曾經出使日本的鄭孝胥、曾經下南洋考察的陳寶琛，亦有此類詩詞的記載。[6]

由此可見，同光體詩的內容往往與晚清史事相緊扣，關注社會時事。詩文內容且將近代中國的重要戰役、政治事件聯繫其中。因此文學研究者亦視同光體為文學界中的傳統詩的近代革新。辛亥革命以後，同光體文學又廣被清遺老用以感懷時局，以詩文表其忠於清室心志的體裁，成為一種具有鮮明特色的「文化符號」。[7]由此可見，了解同光體詩文及其詩人，對加深近代中國史及其人物的政治思想，具有一定參考價值。

---

3 劉誠：《中國詩學史》（廈門：鷺江出版社，2002年），頁286-289。

4 王爾敏：〈經世思想之義界問題〉，載《中央研究院近代史研究所集刊》第13期（臺北市：1984年6月），頁27-38。

5 劉世南指清代之宋詩運動始源於曾國藩及祁寯藻，參氏著：《清詩流派史》（臺北市：文津出版社，1995年），頁498-499。

6 馬積高：《清代學術思想的變遷與文學》（長沙市：湖南出社社，1996年），頁266-315。

7 林志宏：《民國乃敵國也：政治文化轉型下的清遺民》（臺北市：聯經出版事業公司，2009年），頁227-228。

　　至於同光體當中的閩派詩人，較著名的重要人物有陳寶琛、鄭孝胥、陳衍三人，他們皆被視為為同光體的主盟人。而陳寶琛在同光詩派的地位，近代詩評家汪辟疆（汪國垣，1887-1966）在其名著《光宣詩壇點將錄》中，便生動地指出陳氏的地位，此乃同光年間以來的詩人排序，以《水滸傳》一百零八好漢為比擬，套於光宣詩壇名人當中比喻其文壇地位，論資排輩。陳寶琛被汪氏比喻為「天機星智多星吳用」，其名號僅次於王闓運（晁蓋）、陳三立（宋江）和鄭孝胥（盧俊義），名列前茅。[8]近人章士釗（1881-1973）在《近代詩家絕句》中亦說陳氏「收取詩名六十年」，為近代詩壇泰斗。[9]至於詩界評近代同光詩有「八陳」，其中最著名者，尤推弢庵（陳寶琛）與石遺（陳衍）二人最佳。[10]在〈近代詩派與地域〉一文中，汪辟疆說明陳寶琛的詩壇地位時亦云：「弢庵行輩最尊，詩名亦最著」。[11]陳氏在文壇的名氣，由此可見。至於他何以能獲得近代詩人的欣賞，除了其詩句工整以外，更重要的是他的忠臣風骨，成為他的文學作品當中重要的特徵。陳三立認為「始終不失溫柔敦厚之效，感物造端，蘊藉縣邈，風度絕世」，而在詩句內容中又見「純忠苦志，幽憂隱痛」之情。[12]陳宗蕃則強調陳寶琛的詩文有「晚節之孤忠……清雅簡古，實在一代之宗」。[13]錢仲聯亦云：「陳寶琛雖身為帝傅，而其詩在閩派不被推為首領，實則太夷（鄭孝胥）、石遺（陳衍）諸家，皆不

---

8　吳用為明代小說《水滸傳》中的人物，以足智多謀的軍師為特色，在故事扮演重要重要角色。《光宣詩壇點將錄》以吳用比喻陳寶琛的文壇地位，尤見其重要性。

9　章士釗的評價，見汪辟疆撰、王培軍箋證：《光宣詩壇點將錄》（北京市：中華書局，2008年），頁36。

10　陳俱：〈試從《滄趣樓詩集》析滄趣老人的襟懷〉，載唐文基等編：《陳寶琛與中國近代社會》（福州市：陳寶琛教育基金籌委會，1997年），頁475。

11　汪辟疆撰、王培軍箋證：《光宣詩壇點將錄》，頁35-44。

12　陳三立：《滄趣樓詩集序》，轉載自陳寶琛著，劉永翔、許全勝校點：《滄趣樓詩文集》，頁614。

13　陳宗蕃：《滄趣樓詩集跋》，轉載自陳寶琛著，劉永翔、許全勝校點：《滄趣樓詩文集》，頁614-615。

能駕其上也。暮年值偽滿洲國竊據,屢徵不出,世重其風節」。[14]陳可毅(生
卒年不詳)在評陳寶琛其人其詩,便以一首甚為貼切的詩道出陳氏的寫作特
色:

> 閩海詞壇鄭與嚴,老陳風骨更翩翩。詩人到底能忠愛,晚歲哀辭哭九
> 天。[15]

　　相反,文壇一般被視為詩壇泰斗的「光宣朝作手」鄭孝胥,卻被詩評家
評為詩文無出其右,但「急功名而昧於去就……於清室為不忠,於民族為不
孝」,因參與偽滿洲國,晚節不保,正好與陳氏成為強烈對比。[16]因此對後世
論者而言,鄭的詩文功力應在陳氏之上,然其詩人之人格風骨,陳則在鄭之
上,而在眾人中更難得他能一心一意事君之忠貞之事。由此可見,詩才與詩
品缺一不可。因此,說陳氏以忠節贏得同光派主盟人的地位亦不為過。

## 二　陳寶琛的詩詞文學作品及其特色

　　陳寶琛的詩詞文學作品及其創作過程,大致上可分為三個階段,分別為
年輕時期、歸隱時期和晚年時期。陳寶琛後來為在撰文回顧其習詩過程時提
到:

> 予初學詩于鄭仲濂丈,謝丈枚如導之學高、岑,吳丈圭庵引之學杜,
> 而君兄弟(陳書、陳衍兄弟)則稱其類荊公,木庵且欲進之以山谷。[17]

---

14 錢仲聯:《近百年詩壇點將錄》,轉載自陳寶琛著,劉永翔、許全勝校點:《滄趣樓詩文
集》,頁665。

15 汪辟疆撰、王培軍箋證:《光宣詩壇點將錄》,頁35。

16 對於鄭孝胥,汪辟疆即評價道:「若就詩論詩,(鄭)自是光宣朝作手」,但卻失去詩人
應有之氣節。參汪辟疆撰、王培軍箋證,《光宣詩壇點將錄》,頁25-26。

17 陳寶琛:〈陳君石遺七十壽序〉,載陳寶琛著,劉永翔、許全勝校點:《滄趣樓詩文集》,
頁347-348。

　　由上可見，陳寶琛的詩學業師有鄭仲濂（1820-1876）、謝章鋌、吳圭庵及陳書（生卒年不詳）、陳衍兄弟。事緣陳鄭二家為同鄉世交，年少時陳寶琛便經常到鄭家拜訪。鄭孝胥的父親鄭仲濂乃著名詩人，至於閩儒謝章鋌則曾任教於致用書院，詩文造詣深厚。在京任官後，陳氏由晚清文壇著名詩人吳圭庵（生卒年不詳）教導和引介，參與詩社，與在京名士舉辦詩文聚會，學問由是益增。然而早年陳寶琛的詩作，由於沒有刻意保存，或許亦跟陳氏對其作品不甚滿意有關，並沒有公開傳世。[18]在《滄趣樓詩集》中，現存文稿只留有他回閩以後的詩作。陳氏晚年的作品尤為多產、質高，這跟他與著名詩人陳書、陳衍兄弟切磋詩學有關，陳氏兄弟是近代著名的詩學理論家，擅寫同光詩。[19]陳寶琛在閩與他們日夕交流，使其詩學素養得以在晚年快速長進。在詩集的編輯過程中，據黃濬所記，陳寶琛作詩，凡有新作必與陳書、陳衍兄弟商定，聽其意見，經其潤筆，一改再改，而後再定稿付梓。因此，陳寶琛的詩文，亦有陳衍的貢獻在內。[20]

　　陳氏的詩文風格，「初學黃陳，後喜臨川」，擅於詠物。及至晚年久經世變，文氣更為深醇，雖有詩評者認為陳氏的詩文氣勢不足，有館閣氣，然汪辟疆則不同意，認為其「不務奇險而絕非庸音，不事生造而決無淺語。至於撫時感事，比物達情，神理自超，趣味彌永。余嘗以『和平中正』質之」。[21]可見陳氏之詩詞雖於氣勢上不及其他同光派大家，卻在「撫時感事」上稍勝

---

18　陳衍：《石遺室詩話續篇》云：「往者陳弢庵閣學屏居里門，詩始留稿，前後且三十年，積至千首」，載《滄趣樓詩文集》（上海市：上海古籍出版社，2006年），頁636。

19　有關陳衍其人及文學作品研究，參周薇：《傳統詩學的轉型：陳衍人文主義詩學研究》（上海市：三聯書店，2006年）。

20　黃濬：《花隨人聖盦摭憶》；另外陳衍在論及鄭孝胥、陳寶琛二人改詩風格時道：「陳弢庵寶琛則必改而後成，過後送不能改，謂結構心思已打斷矣」。又云：「（弢老）在都數年，有作則必商定於余」參陳衍：《石遺室詩話》卷一，轉載自陳寶琛著，劉永翔、許全勝校點：《滄趣樓詩文集》，頁627。

21　汪辟疆撰、王培軍箋證：《光宣詩壇點將錄》，頁35。

一籌。[22]

　　哀怨亦為陳氏文氣中的一大特色。為何會有如此哀怨的感情？欲了解這種詩詞風格，必須從他的從政生涯入手。陳氏的一生充滿傳奇色彩，參與晚清多個重要政治事件，曾於同光時期成為清流派中堅分子，與洋務派爭峰相對；晚清時期，更身兼末代皇帝溥儀之帝師，備受榮寵。未幾，又因易代鼎革而成為「遺老」，終其一生為廢帝的復辟而奔走。正是這一種充滿波折起伏的仕途經歷，造就了陳寶琛的作品充滿一分哀怨、無奈的感情，文中往往慨嘆世事無常、未盡如人意。由於民國時期陳氏的正因如此，時人以其詩詞作品師法宋代，故稱之為「宋詩派」。[23]

　　《滄趣樓詩集》是結集了陳寶琛晚年詩作的總集，收錄約八百多首詩歌，發表時期主要由陳氏丁憂回鄉至晚年去世為止，其作品獲得後世高度評價。[24]若分類言之，可分為隱逸詩、對國事之憂思和遺老詩數類，以下試分別說明之：

## （一）隱逸詩

　　一八八五年，陳寶琛因中法戰爭時舉薦徐延旭、唐炯而遭受降級處分，其後丁母憂回閩，終光緒不被起用，「自是居家二十四年，賦詩聽水，罕接賓客」。[25]這亦成為他獨自在山水之間，從事大量詩文創作的契機。在此時期的陳寶琛心理上承受極大的打擊，從一個敢於向朝廷發聲的諫官，轉變為一

---

22 有關陳氏詩評價的研究，參張帆：〈陳寶琛詩歌評價的幾個問題〉，載《漳州師範學院學報》（哲學社會科學版）第1期（漳州市：2002年），頁45-52。

23 民國時期以陳衍、鄭孝胥和陳寶琛等人為代表的閩派詩人，被文學界評為宋詩派。例如沃丘仲子的《近現代名人小傳》即說陳寶琛的作品「詩法宋人」。見氏著：《近現代名人小傳》（下冊）（北京市：北京圖書館出版社，2003年），頁119-120。

24 王森然謂，「（陳寶琛）著《滄趣樓詩》最有名」，載氏著：〈記陳寶琛〉，《國民雜誌》第一卷二期，轉載自《滄趣樓詩文集》，頁607。

25 王森然：〈記陳寶琛〉，原載《國民雜誌》第1卷第2期，轉載自《滄趣樓詩文集》，頁616。

名沉默的隱士，在其詩集中透露不少仕途失意的感慨。如〈山中懷蕡齋〉一詩便寄寓了這種情感。

### 〈山中懷蕡齋〉

是時陳寶琛剛因丁憂回閩，在家築起滄趣樓倚山聽水，突然想起當時正在充軍戍邊的老友張佩綸，有感而發遂詠此詩：

> 東坡飲啖想平安，塞上秋風又戒寒。此別豈徒吾輩事，即能歸復曩時歡？數聲去雁霜將降，一片荒雞月易殘。獨自聽鐘兼聽水，山樓醒眼夜漫漫。[26]

詩中陳氏以蘇東坡遭遇與張氏相比，張氏剛因馬江大敗而充軍，陳氏因他身在遠方而思其苦寒。至於「此別豈徒吾輩事，即能歸復曩時歡？」二句，前句感嘆二人因清流直諫，不避權貴而遭貶斥的不忿，後句便感嘆即使二人有日能重聚，政局亦人事全非。最後兩句「獨自聽鐘兼聽水，山樓醒眼夜漫漫。」則道出陳寶琛在歸故里以後，雖寄情山水，然而心中卻有著無限孤寂的哀思。可見其鍾情山水並非本意，壯志未酬之感言溢於表。至於詩中用上描繪張佩綸境遇的「塞上秋風」、「去雁」、「霜降」、「荒雞」、「殘月」，與陳寶琛在聽水齋的山水境致對比，便加強了詩中這種懷念友人的感慨。這首詩便道出了陳氏隱居生活中的失落。

### 〈林文忠赴戍伊犁道，遇所親繪，像贈之曰：「吾老矣，恐不能生入玉門聊當齒髮還鄉也」，拜觀感賦〉

陳寶琛在其成長中對同鄉林則徐的事功十分敬仰，林氏後來因鴉片戰爭失敗，被清廷充軍伊犁，陳氏以林文忠一生事跡與自己相似，因外事失敗而仕途生變，遂生感同身受之情意，感興賦詩：

---

26 陳寶琛著，劉永翔、許全勝校點：《滄趣樓詩文集》，頁2。

　　讀公奏議修公傳，晚與編詩識性情。

　　功罪信心休問世，死生許國獨全名。

　　盟鷗勃海機寧息？養虎天山翼已成。

　　尚有典型勤下拜，蒼茫淚更向誰傾？[27]

　　詩中除了表達陳氏對鄉賢林則徐的崇拜外，亦反映他借林氏的際遇而自我比附。陳寶琛因中法戰爭失敗而遭貶。與林則徐因中英鴉片戰爭失敗而戍邊有相似之處。故對他的事功特別有所感受，在為林氏編輯資料，讀奏議、修傳記時，便更加強了他的自我認同。因而下兩句有「功罪信心休問世，死生許國獨全名」，此處雖然名義上是說林則徐堅持保家衛國，而死後留名。實質是寄喻自己雖被貶斥，但卻會留名後世的自信。第六句提及「養虎天山翼已成」，對應林則徐戍伊犁，直指中國早年不重視俄國有進犯伊犁野心，養虎為患，羽翼已成。最後兩句，「尚有典型勤下拜，蒼茫淚更向誰傾？」則更明確地看到陳寶琛欲效法林則徐為其榜樣，而心中的鬱結無法解除，唯有向眼前這幅畫像哭訴。這首詩明顯可見陳寶琛借鄉賢事跡自比，抒發其政途並不順遂的心情。而另一方面，亦反映在國家面對列強環伺下，他對國事的憂思忡忡。[28]

## （二）對國事之憂思

### 〈感春四首〉

　　〈感春四首〉是陳寶琛詩集中最著名的詩作之一。此作寫於一八九五年甲午戰爭後，因中國大敗有感而發的作品。詩的內容充滿對國家前途的憂慮和感嘆：

---

27　陳寶琛著，劉永翔、許全勝校點：《滄趣樓詩文集》，頁24。

28　陳俅，〈試從《滄趣樓詩集》析滄趣老人的襟懷〉，載唐文基等編，《陳寶琛與中國近代社會》，頁476-477。

一春誰道是芳時？未及飛紅已暗悲！
雨甚猶思吹笛驗，風來始悔樹旛遲。
蜂衙撩亂聲無準，鳥使逡巡事可知。
輸卻玉塵三萬斛，天公不語對枯棋。

阿母歡娛眾女狂，十年養就滿庭芳。
那知綠怨紅啼景，便在鶯歌燕舞場。
處處鳳樓勞剪綵，聲聲羯鼓促傳觴。
可憐買盡西園醉，贏得嘉辰一斷腸！

倚天照海倏成空，脆薄原知不耐風。
忍見化萍隨柳絮，倘因集蓼悉桃蟲。
到頭蝶夢誰真覺，刺耳鵑聲恐未終。
苦學挈皋事澆灌，綠陰涕尺種花翁。

北勝南強較去留，淚波直注海東頭。
槐柯夢短殊多事，花檻春移不自由。
從此路迷漁父櫂，可無人墜石家樓？
故林好在煩珍護，莫再飄搖斷送休。[29]

詩共分為四首，頭一首講述甲午敗績的過程。首先說道春天本來是一個令人感覺是美好的季節，然而甲午的春季充滿悲傷，原因是中日甲午戰爭敗績已成，割地賠款，故曰「未及飛紅已暗悲」。「雨甚猶思吹笛驗」，首句用了周穆王「吹笛止雨」的典故，「風來始悔樹旛遲」則用唐代怪異小說《博異志》朱旛樹護花的典故，借喻清廷在戰爭發生後始知準備，但是已經太遲。「蜂衙撩亂聲無準，鳥使逡巡事可知」，前句指清廷內部戰和未定，樞臣主

---

張不一致，因此「撩亂」、「聲無準」，後句以鳥使借喻李鴻章出使日本議和。「輸卻玉塵三萬斛」，指的是原先日本要求的三萬萬兩賠款，其後扣減成二萬萬兩。至於「天公不語對枯棋」，棋局是陳寶琛以比喻國事的慣用手法，此處以枯棋喻甲午戰事，陳氏素來猜防日本乘機侵略中國，力主抗日，此句道出他面對此局勢無言以對的唏噓。[30]

接著於第二首，陳寶琛進而指出甲午戰敗原因在於統治者耽於逸樂之故。「阿母歡娛眾女狂」，直指慈禧太后挪用海軍軍費用於萬壽慶典，以致軍政不修，成為戰敗遠因。「十年養就滿庭芳」既指慈禧將金錢用於頤和園，陳氏在此所指的十年，亦有自己自一八八五年隱居以後，沒有諫臣勸阻慈禧亂政，故特以十年入詩。中段描述了慶典的歡欣氣象，然而好景不常，甲午戰爭將慈禧萬壽的喜慶之興盡掃，故最後兩句「可憐買盡西園醉，贏得嘉辰一斷腸！」正好與開首的歡狂氣氛形成反差，樂極生悲。[31]

第三首以「倚天照海倏成空，脆薄原知不耐風」比喻北洋艦隊看似強大，實質弱不禁風的實力。「到頭蝶夢誰直覺，刺耳鵑聲恐未終」，句首以莊周夢蝶典故，喻清廷依舊未因戰敗又覺醒，猶在夢中。句尾刺耳鵑聲指的是王安石南人作相的典故，借喻後清流首領翁同龢以南人入相，主導朝政，然未知時務，國事仍然暗，翁與前清流的北派素來不和，此句實反映陳寶琛朝政上的派系之見。「苦學挈皋事澆灌，綠陰涕尺種花翁」，則以種花翁比喻李鴻章將北洋水師苦心經營，甲午一戰全軍盡失，在此陳氏亦替李氏和清廷的洋務努力失敗而感嘆。[32]

30 有關詩句典故、語譯及相關研究，參考孫愛霞：〈落花之傷與國家之悲——末代帝師陳寶琛《感春四首》探析〉，《作家雜誌》第9期（吉林市：2010年），頁121；張帆：〈淚波直泣海東頭——陳寶琛詩〈感春〉評析〉，《閩江職業大學學報》第1期（福州市：2002年），頁36；劉大特：《宋詩派同光體詩選譯》（成都市：巴蜀書社，1997年），頁121-122。

31 孫愛霞：〈落花之傷與國家之悲——末代帝師陳寶琛《感春四首》探析〉，頁121-122；另參張帆：〈淚波直泣海東頭——陳寶琛詩〈感春〉評析〉，頁36；劉大特：《宋詩派同光體詩選譯》，頁122-124。

32 孫愛霞：〈落花之傷與國家之悲——末代帝師陳寶琛《感春四首》探析〉，頁122；另參張帆：〈淚波直泣海東頭——陳寶琛詩〈感春〉評析〉，頁36。

　　第四首，「北勝南強較去留，淚波直注海東頭」。此句北勝南強指俄、德、法三國代爭以遼地換臺灣之事。第三句槐柯夢短乃以「南柯一夢」為典故，所指為唐景崧領導的臺灣民主國反日運動迅速潰敗，宛如夢醒。第四句寫李經方赴日簽署和約。最後作者以陶潛〈桃花源記〉中的迷途翁比喻國家發展未明，問何人可作帶領？因此以園林貴在珍護為喻，勸喻清政府莫再耽誤國政，以致割地賠款，喪失主權。

　　此詩的特色有：第一，四首詩皆以春天為題，雖描寫不同春色景致，如第一首以不同春天景象：雨、風、蜜蜂、鳥；第二首「滿庭芳」的滿園鮮花；第三首的萍、柳絮、蝶、鵑；第四首的桃花源典故等，皆與〈感春〉的春天景色一致。

　　第二，緊扣史事。陳寶琛借春天為題每句皆意有所指，將甲午戰爭的前因後果娓娓道來，由是在詩句中既有傳史之意，亦有個人對此事之觀點，詩中句句感慨，亦可見他對國家面臨危難時身為士人的關懷。

　　基於以上原因，〈感春〉由是得到後世高度評價，清代掌故家高陽評論道：「〈感春〉實詠落花……句句詠時事，句句存史實，亦句句寓感慨。」[33]

## （三）遺老詩

### 〈次韻遜敏齋主人落花四首〉

> 樓臺風日憶年時，茵溷相憐等此悲。
> 著地可應愁踏損，尋春祇自怨來遲。
> 繁華早懺三生業，衰謝難酬一顧知。
> 豈獨漢宮傳燭感，滿城何限事如棋。
>
> 冶蜂癡蝶太猖狂，不替靈修惜眾芳。
> 本意陰晴容養艷，那知風雨趣收場。

---

33 高陽：《清朝的皇帝》（臺北市：遠景出版社，1987年），頁1049。

昨宵秉燭猶張樂，別院飛英已命殤。
油幕綵旛竟何用？空枝斜日百迴腸。

生滅元知色是空，可堪傾國付東風。
喚醒綺夢憎啼鳥，冒入情絲奈網蟲。
雨裡羅衾寒不耐，春闌金縷曲初終。
返生香豈人間有，除奏通明問碧翁！

流水前溪去不留，餘香駘蕩碧池頭。
燕啣魚唼能相厚，泥污苔遮各有由。
委蛻大難求淨土，傷心最是近高樓。
庇根枝葉從來重，長夏陰成且小休。[34]

在辛亥革命以後，陳寶琛從高官的身分變成遺老，在遭逢「國變」之際，對國事多有感觸，因此寫下〈次韻遜敏齋主人落花四首〉（簡稱〈落花〉），此詩與〈感春〉同為陳寶琛齊名的上佳詩作，詩句透露遺老的哀怨。

第一首，首二句借落花為題，登樓看花，緬懷昔日事物。「茵溷」乃借《梁書‧儒林傳‧范縝》中落花雖同發一枝而際遇各有不同，有落於茵席之上，有落於糞混之則，由是借喻清遺臣自王朝波後際遇各有不同，見物生憐。「著地可應愁踏損，尋春祇自怨來遲」，則有對自己晚年復出，可惜時不我予，革命浪潮令陳寶琛只能以遺臣自居，故「怨來遲」。「繁華早懺三生業」，陳氏自隱居後好禪，此處乃借三生業障來指一切皆有所安排，而歸因自己的不濟是命中注定，唯有懺悔來超脫。「豈獨漢宮傳燭感，滿城何限事如棋」，則描寫遜清宮廷的荒涼與中國政局的混亂。

第二首，首二句以園林中的的花朵遭冶蜂癡蝶擾亂為題，以蜂和蝶借代民國初年軍閥割據，導致花──國家遭受亂局。本意以為短暫的和平令國家

---

34 陳寶琛著，劉永翔、許全勝校點：《滄趣樓詩文集》，頁180。

能休養生息，豈知一場風雨便將此摧毀。「昨宵秉燭猶張樂，別院飛英已命殤」，這裡或指一九一七年的復辟事件，不過十多天便告吹的感嘆。最後二句嘆息：即便有「綵旛」亦無用，只剩下空枝和充滿怨恨的迴腸。

　　第三首，首二句再引禪語，指事情的發生和終結一切原來皆是虛幻，遜清王室和復辟事業最終付諸流水。及後陳寶琛引用了金昌緒〈春怨〉詩中的啼鳥夢醒、李煜〈浪淘沙〉的「流水落花春去也」和杜秋娘〈金縷曲〉的「莫待無花空折枝」典故，借三物來比喻大勢已去之感觸。最後二句，世上那有起死回生的「返生香」？唯有問蒼天！

　　第四首，首二句落花隨流水而去，已不能再回頭，只剩餘香在池塘中。不同的落花在池中有被燕、魚吸食，有的被泥污、青苔沾污，各有出路，亦指遺老各自的去向不同。「委蛻大難求淨土」以禪語中的理想淨土世界為喻，期望能尋求淨土世界以超脫俗世的「大難」。然而，陳氏卻不能，原因是他身為帝師，每人為溥儀侍讀，以遺老、帝師自任，未能輕易解脫，故云「傷心最是近高樓」。最後，陳氏在感嘆過後，又重回現實，自覺身為庇護枝葉的根幹，保護「皇帝」，肩負維繫宗室的重責，在漫長的炎夏中，還是以樹陰庇護著落花。[35]

　　〈落花〉全詩極為哀怨，當中包含身為遺臣的無奈和對政權復辟無望的嘆息。因其憶景哀怨，感情真摯，民國時期成為遺老間廣為傳頌的詩句。王國維在投湖自盡之時，便以「委蛻大難求淨土，傷心最是近高樓」為其詠頌之辭世詩，曾為後人誤以為王氏所作，然此詩實為陳寶琛之詩作，由此可見，其詩作之知名度。[36]

## 三　《聽水齋詞》及其背景

　　陳氏除工於詩作外，亦有詞作留世，深值探討。故本文欲探討陳寶琛

---

35 孫愛霞：〈遜清文人的落花之傷——陳寶琛《次韻遜敏齋主人落花四首》探析〉，頁137。

36 劉永翔：〈前言〉，載陳寶琛著，劉永翔、許全勝校點：《滄趣樓詩文集》，頁1。

《聽水齋詞》的寫作背景和風格,並舉其中幾首著名詞作入手,觀察其作詞特色。

有關《聽水齋詞》的寫作年代和背景,可在其詞集的序言中入手。按陳寶琛於書稿中的序云:「吾少時喜為詞,久輟不作,今沽上有須社詞集,觸夙好,又稍稍為之,顧性不相近,恆重質,少諧婉之致,子亦試為定之」。[37]從上可見,陳氏的詞應寫於民國初年至晚年之間,須社為民國天津的遺老詩社,[38]他們好作詞,故陳氏亦比附唱和,「稍稍為之」,成為須社的社外詞侶。此一詩社中的詩詞唱和,便成為陳氏晚年與一眾遺老間表達對清王朝的共同思念和抒發個人感情的媒介。[39]陳氏死後,其詞由友人陳曾壽(1878-1949)將草稿編成詞集刊行,此即《聽水齋詞》之所由生。

《聽水齋詞》全集共收錄四十二首詞,如前引文陳寶琛自述,其詞風格較平實「重質」,而少花俏做作的「諧婉之致」。另外陳曾壽評陳寶琛的詞風格,云「(陳詞)雖有沉哀極涕,見於詩若詞者,多在回曲隱現之間」。[40]誠如所言,《聽水齋詞》當中的主旋律多半是「沉哀極涕」的,有學者即統計出陳氏的四十二首詞中,達四分之三屬哀怨詞。[41]由於該詞集寫於民國時期,陳寶琛自視為大清孤臣,故此詩詞往往參考宋人的詠物詞風格,借宮闕、落花、殘棋、歷史典故來寄託他否定政治現況的心情。

《聽水齋詞》的內容為遺民思念故國而寫作,充滿哀怨,故此,在陳氏的詞作主題中,往往亦圍繞著對民國政局的失望、遜清王室的思念、個人仕途的感嘆等內容。以下試舉詞集中的幾首名作〈壺中天—殘棋〉、〈定風波〉、〈摸魚兒〉為代表,略作解說。

---

37 陳曾壽:《聽水齋詞序》,載自陳寶琛著,劉永翔、許全勝校點:《滄趣樓詩文集》,頁616。

38 胡平生:《民國初期的復辟派》(臺北市:臺灣學生書局,1985年),頁56。

39 有關天津須社遺老成員名單和唱酬內容,可參考林立:《滄海遺音:民國時期清遺民詞研究》(香港:香港中文大學出版社,2012年),頁233-317。

40 林立:《滄海遺音:民國時期清遺民詞研究》(香港:香港中文大學出版社,2012),頁233-317。

41 孫愛霞:〈《聽水齋詞》研究〉,《廣西社會科學》,總第168期(南寧市:2009年),頁102。

## （一）〈壺中天──殘棋〉

如果說〈落花〉詩是陳寶琛最具代表的論政詩作，那麼〈壺中天─殘棋〉則是陳氏詞作的代表。

> 一枰零亂，欠猧兒替我，從新翻卻。越是收場須國手，不管饒先爭著。休矣縱橫，究誰勝敗，局罷同邱貉。可憐燈下，子聲敲到花落。
>
> 　兀自坐爛樵柯，神州卵累，眼看全盤錯。大好河山供打劫，試較是非今昨。蜎甲枯餘，玉塵輸盡，說甚商山樂。羨他巖老，夢邊那省飛雹。[42]

詞的上片陳氏借一盤零亂的棋局比喻中國的政治局勢。身為遺老，陳一直反對民國成立，亦認為中國亂局與改朝換代有關。故以亂局殘棋為主題，訴說對政局的無奈。

文首說到，一局零亂的殘棋，少了一隻「猧兒」。這裡陳氏引用了唐代楊貴妃的寵物「康國猧」為典故。康國為中亞地區的粟特民族國家，故猧其實是西域犬的意思。「康國猧」的典故是指貴妃（719-756）與唐明皇（685-762）對弈之時，往往喜攜愛犬共下，而那隻猧兒往往三爬兩撥把棋盤弄翻，後來安祿山作亂，貴妃仍與明皇樂不思蜀，疏於國政，故有「康國猧」誤國之說。此處即借典故說明國家處於危難狀況。

第二個場景即說明民國時期的亂局，「越是收場須國手，不管饒先爭著」。即說明政局混亂之際，下棋的「國手」競相「爭著」，即指軍閥們群雄割據的局面。但戰爭不斷以後，不論誰勝誰敗，終究還是同一下場。「可憐燈下，子聲敲到花落」。子聲表面為對弈聲，引申為戰爭的聲音，花落即為陳氏著名的《前・後落花詩》（記甲午戰爭）為典故，以「落花」來比喻戰爭為國家帶來的悲慘。

---

42 陳寶琛著，劉永翔、許全勝校點：《滄趣樓詩文集》，頁290。

接著在詞中的下片，身為遺老的陳寶琛，作為一個政局旁觀者，深感政局發展未如理想，認為民國政局混亂，不如晚清時期的政治安定。故寫道「神州卵累，眼看全盤錯。大好山河供打劫，是較是非今昨」。

「蜩甲枯餘，玉塵輸盡，說甚商山樂。羨他巖老，夢邊那省飛霤。」最後陳氏以國家發展到衰頹不堪，「枯餘」、「輸盡」之時，說到自己即使在歸隱商山，亦無樂趣。此處商山樂，即用「商山四皓」的四位隱居深山不仕漢朝的秦博士為典故，陳氏自比如秦博士般的遺民，不願出仕，獨享橘中之樂，故陳寶琛晚年亦有一別號「橘叟」，此亦係他經常引用，反映其遺民特質的典故之一。最後他引用「宋代李岩老」睡夢下棋，難得糊塗的典故，說明自己面對國家如此殘局，難以收拾，不如學習李岩老一樣，將眼前的棋局拋開，不問世事。[43]

## （二）〈摸魚兒〉

另一首具代表性的詞，是陳寶琛晚年八十七歲所寫的〈摸魚兒〉。陳寶琛晚年因與鄭孝胥、羅振玉等遺老就溥儀赴東北建立偽「滿洲國」的問題發生衝突。[44]此詞係陳與鄭氏訣別兩年後，到偽滿訪問，重遇鄭孝胥時有感所作。詞中充滿對這「復辟」王朝的前途憂慮。

> 鎮相望、兩年重見，新霜鬢鬢如許。蒼茫家國（《溥儀私藏偽滿秘檔》作「獨立」。）無窮淚，都付笛聲筝語。腸斷處。對老柳殘荷、誰復如（《溥儀私藏偽滿秘檔》作「風日懷」。）前度？江湖倦旅。正妒煞迦陵，及身清晏，滿意勘音呂。
>
> 多歧路。乾淨可留片土？年芳恐不吾與。荃茅變化渾無準，虛說結蘭

---

43 有關詩句典故、語譯及相關研究，參考孫愛霞：〈《聽水齋詞》研究〉，頁103。

44 周明之：《近代中國的文化危機：清遺老的精神世界》（濟南市：山東大學出版社，2009），頁198-223。

延佇。君試數。悵舊社佳儔、沙散何緣聚。匆匆又去。羨巾篋攜來
（《溥儀私藏偽滿秘檔》作「看巾笈攜將」。）岳蓮廬瀑，飛屐躡雲
步。[45]

詞的上片，「鎮相望、兩年重見，新霜髭鬂如許」。記陳寶琛與鄭孝胥故友闊
別重逢的情景。從詞中所見，陳氏的心情是複雜的，一方面，偽滿的成立圓
了遺老們復興清室的期望，但是這個國家卻不是陳寶琛理想中完整的、大清
統治的中國，而是日人操控下的「滿洲國」，故詞中既喜且悲。「蒼茫家國無
窮淚，都付笛聲箏語」提到復辟的無窮辛酸，現已得償成果，是值得欣慰
的。然而在下一句即轉入「腸斷處。對老柳殘荷、誰復如前度」的感嘆，這
處陳氏除了按文面指自己年事已高，是老柳殘荷，身體已不如前度外，這個
「誰復如前度」亦另有隱喻，指的是大清王朝今非昔比的感嘆。

　　從下片的「多歧路。乾淨可留片土？」正好對應上片末句陳氏對偽滿國
運前景和未來的憂慮。詞句中的「乾淨可留片土？」亦是意有所指，佛教用
語是陳寶琛在文學中的慣用語，而此處的「淨土」所指，是鄭孝胥在滿洲所
倡議的「王道樂土」思想，而陳寶琛即在此詞中反問鄭氏，在溥儀為日人所
操控，身不由己的情況下，安能有淨土可言？下片末段更以「悵舊社佳儔、
沙散何緣聚」慨嘆溥儀的「朝廷」遺老已因偽滿事件而各散東西，正如散沙
一樣，無再聚之日。從詞中莫不透露出陳氏對這個復辟王朝的前景悲觀的訊
息。

## （三）〈定風波〉

　　另一首〈定風波〉，則是一首較具代表性描寫「宮闕」的詠物詞：

---

45 陳寶琛著，劉永翔、許全勝校點：《滄趣樓詩文集》，頁289。詞中溥儀的私藏秘檔與
　　《聽水齋詞》版本用字不同的問題，似係溥儀或日人對陳氏具有民族主義的敏感詞彙如
　　「家國」等詞作修改之故，似非陳氏之本意，參遼寧省檔案館編，《溥儀私藏偽滿秘檔》
　　（北京市：檔案出版社，1990年），頁111。

畫裡殘山一道斜。際天衰草帶餘霞。陵闕誰家那忍問，傳恨。故宮明
滅付歸鴉。

無分南榮長炙背。何意？晚晴西閣尚留些。還是枯葵偏耐久，廝守。
知時讓與合昏花。[46]

詞的上片，首先引出「殘山」、「衰草」的荒蕪景象，然後寫出前朝陵闕無人
探問的淒慘情景，因而「傳恨」。「陵闕誰家那忍問」指的是清室在改朝換代
以後，光緒和慈禧太后的陵寢地日久荒廢，無人修建，與清代時的帝王氣派
形成強烈對比。後來，另一遺老梁鼎芬見此情形，乃繼而為先帝「守墳」，
方為時人所關注。最後，這個冷落的故宮除了剩餘一些圍繞著屋簷的烏鴉在
叫嚷以外，已經別無一物的冷落情景。

詞的下片，詞風一轉，借晚晴和枯葵二物，用以比喻遜清朝廷的今非昔
比和人才凋零。「晚晴西閣尚留些」指夕陽西下的晴天，尚殘留一些餘暉，
但是景況卻十分冷清。「還是枯葵偏耐久，廝守。知時讓與合昏花。」兩
句，則道出宮廷中枯毀的葵花雖然凋謝，但比人更長情，願意與故宮廝守長
伴。此兩句借喻的是民國時期眾多舊有臣子另謀高就，各奔前程。真正願意
留於宮廷，忠於帝室的人卻寥寥無幾，令身為帝師、遺民的他倍感孤清，由
是借物喻事作詞。

從以上陳氏幾首較具代表性的詞作，從中所見，他的寫作風格具有以下
特色：

第一，仿效宋代的詠物詞手法，尤其與宋元之際的遺民詞人的風格甚為
相似。宋元之際，思念故國的詞人好以悲哀景象入詞，如晚年的張炎、周密
和王沂孫等人的詞，以「沉郁」為特色，寄情於物，故多以宮闕、殘鳥、落
花等詠物。而陳寶琛的詩詞亦多參照這種手法，配以相關典故，投射他對清
王朝的思念。例如《壺中天──殘棋》係陳氏借楊貴妃與唐明皇對弈的典故
入手，將棋局和國家興亡巧妙地串連，然後將史事引申到民國政局的混亂，

---

46 陳寶琛著，劉永翔、許全勝校點：《滄趣樓詩文集》，頁274。

感慨時勢。這跟南宋詞人借古代典故入詞的手法亦甚相同。

　　第二，詞的風格強調「質實」，陳寶琛評價自己的詞「少諧婉」。這是由於其遺民身分加上他生活和仕途上的不如意所致，其詩詞雖自比如陶淵明一樣的寓公隱士，但由始至終仍關心政治，甚至可說是為了抒發自己對政局不滿而寫作。故此，詞中那種哀怨盡是描繪出蕭殺、冷清和悲愴的景色，充滿傷感和懷舊之情。此種哀怨憶景的創造亦成為陳寶琛晚年文學中的一個遺民文學特色。[47]

## 四　小結

　　民初時期，遺老們重新提倡宋詩宋詞，借文寄意，一方面抒發對故國大清的懷念，亦表達對家國時局（中國）關懷之情。這在陳寶琛的《滄趣樓詩集》、《聽水齋詞》當中亦清楚反映出來。固然，民初遺老與宋元時期遺老的最大不同處在於，遺老們所懷念的故國，並不具有宋元遺老的忠貞大義，沒有得到廣泛的同情和理解，反而只代表了一小撮遺老們在詩社唱和的心態，因此沒有像後來新文化運動下新文學一樣受到知識界的響應而發光發亮。然而，從歷史學角度而言，詩詞卻是了解遺老心態及人物心境極為珍貴的史料，用以觀察他們面對世變下心理上的矛盾、折射和感受，本文即就此下筆，藉以一窺其內在政治心境。

　　就陳寶琛的作品而論，他的一生波折，種種經歷，正好給予他創作大量感懷身世、時局的詩詞靈感。經過坎坷的仕途、清朝的覆亡、溥儀投日等事件，令他這種哀怨的情感更形強烈，最終悲憤地寫成多首稱頌後世的佳作。於一生事功之外，竟能以詩詞傳世，亦為陳氏所處之清季政局，留下吉光片羽的彩筆。而其忠於君國的詩人風骨，更使他成為同光派主盟人此一稱譽的鮮明形象。

---

47 參廖楚強、蕭忠生：〈論陳寶琛的詩詞風格〉，載唐文基等編：《陳寶琛與中國近代社會》，頁488-495。

# 徵引書目、文章

## 一手史料

〈仰光中華學校史略〉　《南洋時報彙刊》　1：10、11號合刊　1926年

〈如左以代廣傳〉《叻報》（新加坡）　1906年12月1日

陳寶琛著，劉永翔、許全勝點校　〈泗里末謁孔子廟〉　《滄趣樓詩文集
　　（上）》　上海市　上海古籍出版社　2006年

〈商辦福建鐵路招股有限公司新加坡招股經理處〉　《叻報》（新加坡）
　　1906年12月20日

日本外務省編　〈張作霖復辟反對ノ旨各省ニ通電ヲ發シタル件〉　《日本
　　外交文書》大正六年　第2冊　1917年7月5日

〈華商認款〉　《叻報》（新加坡）　1906年3月20日

李啟本點校　〈資政院第一次常年會第二號會議場速記錄〉　《資政院議場
　　會議速記錄》　上海市　三聯書店　2011年

〈福州蒙學堂小歷史〉　載《國民日日報》第2冊　臺北市　中國國民黨中
　　央委員會黨史史料編纂委員會　1968年

〈福建倡設道南學堂廣告〉　《叻報》（新加坡）　1907年4月18日

〈學術〉　《中國白話報》第10期

〈謝啟照登〉　《叻報》（新加坡）　1906年12月4日

〈鐵路辦法〉　《叻報》（新加坡）　1906年7月7日

《大公報》（天津）　1904年11月20日

《時報》（天津）　1926年8月25日　第一張

《福建日日新聞》條目　轉引自洪卜仁　〈被遺忘的漳廈鐵路〉　《廈門晚
　　報》（廈門）　2003年6月29日

王森然　〈記陳寶琛〉　原載《國民雜誌》第1卷第2期　轉載自《滄趣樓詩文集》　上海市　上海古籍出版社　2006年

王森然　〈記陳寶琛〉　載《滄趣樓詩文集》　上海市　上海古籍出版社　2006年

張允僑　〈閩縣陳公寶琛年譜〉　陳寶琛著，劉永翔、許全勝點校　《滄趣樓詩文集（下）》　上海市　上海古籍出版社　2006年

陳三立　《滄趣樓詩集序》　轉載自陳寶琛著，劉永翔、許全勝校點　《滄趣樓詩文集》　上海市　上海古籍出版社　2006年

陳宗蕃　《滄趣樓詩集跋》　轉載自陳寶琛著，劉永翔、許全勝校點　《滄趣樓詩文集》　上海市　上海古籍出版社　2006年

陳　衍　〈戊戌變法權議〉　載陳步主編　《陳石遺集》　福州市　福建人民出版社　2001年

陳　衍　〈石遺室詩話序〉　載陳步主編　《陳石遺集》　福州市　福建人民出版社　2001年

陳　衍　〈自序〉　《元詩紀事》（浙江圖書館藏清光續鉛本）　載《續修四庫全書》　上海市　上海古籍出版社　1995年

陳　衍　〈求是報敘〉　《求是報》　第1冊　上海市　1897年9月

陳　衍　〈商務報世界主要諸國貨幣鑄造額表〉　《湖北商務報》　第26冊　湖北　1899年12月

陳　衍　〈陳寶琛傳〉　氏著　《福建通志》　列傳清八　總卷34　頁60

陳　衍　〈緒言〉　《通鑑紀事本末書後》　載陳步主編　《陳石遺集》　福州市　福建人民出版社　2001年

陳　衍　〈銀價日低急宜整頓錢法論〉（上、下）　《湖北商務報》　第128-129冊　武漢市　1902年12月

陳　衍　〈論武漢為中國商務中心〉　《湖北商務報》　第116冊　武漢市　1902年8月

陳　衍　〈論商務報〉（三）　《湖北商務報》　第85冊　武漢市　1902年8月

陳　衍　〈論報館非營利之事〉　《湖北商務報》　第118冊　武漢市　1902年8月

陳　衍　〈題解〉　《史漢文學研究法》　載陳步主編　《陳石遺集》　福
　　　　州市　福建人民出版社　2001年

陳　衍　《石遺室詩友詩錄》　載於周駿富輯　《清代傳叢刊》　第27冊
　　　　臺北市　明文書局　1985年

陳　衍　《石遺室詩話》卷一　載張寅彭主編　《民國詩話叢編》　上海市
　　　　上海書店　2002年

陳曾壽　〈聽水齋詞序〉　《滄趣樓詩文集》　上海市　上海古籍出版社
　　　　2006年

陳懋復等　〈誥授光祿大夫晉贈太師特謚文忠太傅先府君行述〉　載《滄趣
　　　　樓詩文集》　上海市　上海古籍出版社　2006年

陳寶琛　〈白蠟處處產錫山石皆作玉色西人鋸磨以製器布地〉　陳寶琛著，
　　　　劉永翔、許全勝點校　《滄趣樓詩文集（上）》　上海市　上海古
　　　　籍出版社　2006年

陳寶琛　〈危亡在即披瀝直陳折〉　載《滄趣樓詩文集》　上海市　上海古
　　　　籍出版社　2006年

陳寶琛　〈在資政院請昭雪楊銳等提案文〉　載《滄趣樓詩文集》　上海市
　　　　上海古籍出版社　2006年

陳寶琛　〈舟中憶爪哇之遊雜述八首〉　陳寶琛著，劉永翔、許全勝點校
　　　　《滄趣樓詩文集（上）》　上海市　上海古籍出版社　2006年

陳寶琛　〈沈濤園中丞六十雙壽序〉　載《滄趣樓詩文集》　上海市　上海
　　　　古籍出版社　2006年

陳寶琛　〈息力雜詩〉　陳寶琛著，劉永翔、許全勝點校　《滄趣樓詩文集
　　　　（上）》　上海市　上海古籍出版社　2006年

陳寶琛　〈商辦福建全省鐵路有限公司暫定章程〉　載陳毅編　《軌政紀要
　　　　（三）》　臺北市　文海出版社　1970年

陳寶琛　〈梁君伯通六十壽序〉　《滄趣樓詩文集》　上海市　上海古籍出
　　　　版社　2006年

陳寶琛　〈郭春榆掌院六十壽序〉　《滄趣樓詩文集》　上海市　上海古籍
　　　　出版社　2006年

陳寶琛 〈陳君石遺七十壽序〉 載陳寶琛著，劉永翔、許全勝校點 《滄趣樓詩文集》 上海市 上海古籍出版社 2006年

陳寶琛 〈閩路續籌招股乞假兩個月回籍規畫折〉 載陳寶琛著，劉永全、許全勝校點 《滄趣樓詩文集》 上海市 上海古籍出版社 2006年

陳寶琛 《壬申密折》 載陳寶琛著，劉永翔、許全勝校點 《滄趣樓詩文集》 上海市 上海古籍出版社 2006年

馮自由 〈新福州建設人黃乃裳〉 《革命逸史》 臺北市 臺灣商務印書館1969年

溫 肅 〈陳文忠公小傳〉 《溫文肅公文集》 轉載自《滄趣樓詩文集》 上海市 上海古籍出版社 2006年

趙 爾巽 《清史稿》 北京市 中華書局 1977年

遼寧省檔案館編 《溥儀私藏偽滿秘檔》 北京市 檔案出版社 1990年

錢仲聯 《近百年詩壇點將錄》 轉載自陳寶琛著，劉永翔、許全勝校點 《滄趣樓詩文集》 上海市 上海古籍出版社 2006年

## 專著

〔美〕柯保安著 雷頤譯 《在傳統與現代之間──王韜與晚清改革》 南京市 江蘇人民出版社 1994年

〈閩潮鐵路〉 載宓汝成編 《近代中國鐵路史資料（中)》 臺北市 文海出版社 1977年

中研院近史所編 《辛亥革命研討會論文集》 臺北市 編者 1983年

中國歷史博物館編 勞祖德整理 《鄭孝胥日記》 北京市 中華書局 1993年

井上裕正 《林則徐》 東京 白帝社 1994年

井上裕正 《清代アヘン政策史の研究》 京都 京都大學學術委員會 2004年

孔慶茂 《辜鴻銘評傳》 南昌市 百花洲文藝出版社 1996年

孔慶茂、張鑫　《中華帝國的最後一個遺老：辜鴻銘》　南京市　江蘇文藝
　　出版社　1996年

方漢奇　《中國近代報刊史》　太原市　山西教育出版社　1981年

方漢奇主編　《中國新聞事業編年史（下）》　福州市　福建人民出版社
　　2000年

王植倫著　《林白水》　福州市　福建教育出版社　1992年

王暘　《簾卷西風：林琴南別傳》　北京市　華夏出版社　1999年

王德昭　《從改革到革命》　北京市　中華書局　1982年

王慶祥　《溥儀人脈地圖》　北京市　團結出版社　2007年

王鐵藩編著　王亞青、連天雄補訂　《福建清代舉人名錄》　福州市　福建
　　人民出版社　2011年

皮后鋒　《嚴復大傳》　福州市　福建人民出版社　2003年

皮后鋒　《嚴復評傳》　南京市　南京大學出版社　2006年

全漢昇　《中國近代經濟史論叢》　臺北市　稻鄉出版社　1996年

朱碧森　《林琴南傳》　北京市　中國文聯出版社　1989年

佐佐木正哉編　《鴉片戰爭の研究》　東京　近代中國研究會　1964年

吳修安　《福建早期發展之研究》　臺北市　稻鄉出版社　2009年

宋炳輝編　《辜鴻銘印象》　上海市　學林出版社　1997年

李仁淵　《晚清的新式傳播媒體與知識分子：以報刊出版為中心的討論》
　　臺北市　稻鄉出版社　2005年

李仁淵　《晚清新式傳播媒體與知識分子》　臺北市　稻鄉出版社　2005年

李玉剛　《狂士怪傑：辜鴻銘別傳》　北京市　華夏出版社　1999年

李孝悌　《清末的下層社會啟蒙運動：1901-1911》　臺北市　中央研究院
　　近代史研究所　1998年

李東華　《中國海洋發展關鍵時地個案研究》　臺北市　大安出版社　1990年

李長傳　《中國殖民史》　上海市　商務印書館　1937年

李國祁　《中國現代化的區域研究：閩浙臺地區（1860-1916）》　臺北市
　　中央研究院近代史研究所　1985年

汪辟疆　《汪辟疆說近代詩》　上海市　上海古籍出版社　2001年

汪辟疆撰、王培軍箋證　《光宣詩壇點將錄箋證》　北京市　中華書局　2008年

沃丘仲子　《近現代名人小傳》（下冊）　北京市　北京圖書館出版社　2003年

沈傳經　《福州船政局》　成都市　四川大學出版社　1987年

沈蘇儒　《論信、雅、達——嚴復翻譯理論研究》　北京市　商務印書館　1998年

周佳榮　《蘇報及蘇報案：1903年上海新聞事件》　上海市　上海社會科學院出版社　2005年

周明之　《近代中國的文化危機：清遺老的精神世界》　濟南市　山東大學出版社　2009年

周振甫　《嚴復思想述評》　臺北市　中華書局　1964年

周　薇　《傳統詩學的轉型：陳衍人文主義詩學研究》　上海市　三聯書店　2006年

宗方小太郎　《1912年中國之政黨結社》　北京市　中華書局　2007年

尚小明　《清代士人游幕表》　北京市　中華書局　2005年

林公武、黃國盛主編　《近現代福州名人》　福州市　福建人民出版社　1999年

林　立　《滄海遺音：民國時期清遺民詞研究》　香港　中文大學出版社　2012年

林志宏　《民國乃敵國也：政治文化轉型下的清遺民》　臺北市　聯經出版事業公司　2009年

林　拓　《文化的地理過程分析》　上海市　上海書店　2004年

林　紓　〈游西溪記〉　王國平主編　《歷代西湖文獻專輯——西湖文獻集成》第13冊　杭州市　杭州出版社　2004年

林偉功主編　《林白水文集》　福州市　福建省歷史名人研究會林白水分會　2006年

林崇墉　《沈葆楨與福州船政》　臺北市　聯經出版事業公司　1987年

林崇墉 《林則徐傳》 臺北市 臺灣商務印書館 1976年

林愛枝主編 《「陳寶琛與中國近代社會」學術研討會論文集》（第一至七冊） 福州市 編者 1994年

林溪聲、張耐冬 《邵飄萍與「京報」》 北京市 中華書局 2008年

林慰君 《林白水傳》 臺北市 傳記文學 1969年

林慶元 《沈葆楨：理學德治、洋務自強》 北京市 中國文聯出版社 2000年

林慶元 《林則徐評傳》 鄭州市 河南教育出版社 1990

林慶元 《福州船政局史稿》 福州市 福建人民出版社 1999

林慶元、羅肇前 《沈葆楨》 福州市 福州教育出版社 1992年

林 薇 《林紓研究綜述》 天津市 天津教育出版社 1990年

俞 政 《嚴復著譯研究》 蘇州市 蘇州大學出版社 2003年

姜 克 《學貫中西驚世奇才：辜鴻銘》 合肥市 安徽文藝出版社 1997年

胡平生 《民國初期的復辟派》 臺北市 臺灣學生書局 1985年

胡平生編著 《復辟運動史料》 臺北市 正中書局 1992年

茅海建 《天朝的崩潰》 北京市 生活・讀書・新知三聯書店 2005年

凌鴻勳 《中國鐵路志》 載沈雲龍主編 《近代中國史料叢刊續編》第93輯 臺北市 文海出版社 1982年

唐文基、徐曉望、黃啟權主編 《陳寶琛與中國近代社會》 福州市 陳寶琛教育基金籌委會 1997年

徐臨江 《鄭孝胥前半生評傳》 上海市 學林出版社 2003年

桑 兵 《庚子勤王與晚清政局》 北京市 北京大學出版社 2005年

桑 兵 《晚清學堂學生與社會變遷》 桂林市 廣西師範大學出版社 2007年

桑 兵 《清末新知識界的社團與活動》 北京市 生活・讀書・新知三聯書店 1995年

馬 勇 《嚴復學術思想評傳》 北京市 北京圖書館出版社 2001年

馬積高 《清代學術思想的變遷與文學》 長沙市 湖南出版社 1996年

高令印、高秀華等　《辜鴻銘與中西文化》　福州市　福建人民出版社
　　2008年

高時良編　《中國近代教育史資料匯編‧洋務運動時期教育》　上海市　上
　　海教育出版社　1992年

高　陽　《清朝的皇帝》　臺北市　遠景出版社　1987年

堀川哲男　《林則徐》　東京　人物往來社　1966年

張玉法　《清季的立憲團體》　臺北市　中央研究院近代史研究所　1985年

張志建　《嚴復思想研究》　桂林市　廣西師範大學出版社　1989年

張志建　《嚴復學術思想研究》　北京市　商務印書館　1995年

張朋園　《梁啟超與民國政治》　臺北市　中央研究院近史所　2006年

張俊才　《林紓評傳》　天津市　南開大學出版社　1992年

張靜盧主編　《中國近代出版史料》初編　上海市　群聯出版社　1954年

莊士敦著、高伯雨譯　《紫禁城的黃昏》　香港　牛津大學出版社　2012年

許步書　《黃乃裳的故事》　福州市　海峽文藝出版社　1996年

陳　步主編　《陳石遺集》　福州市　福建人民出版社　2001年

陳　達　《南洋華僑與閩粵社會》　長沙市　商務印書館　1939年

陳　槻　《詩人陳衍傳略》　臺北市　林森縣文教基金會　1999年

陳學恂　《中國近代教育史參考資料》上冊　北京市　人民出版社　1993年

陳遵統等編纂　《福建編年史》　福州市　福建人民出版社　2010年

陳聲暨等　《侯官陳石遺先生年譜》　臺北縣永和鎮　文海出版社　1968年

陸　揚　《唐文治年譜》　上海市　生活‧讀書‧新知三聯書店　2013年

寒　光　《林琴南》　上海市　中華書局　1935年

曾憲輝　《林紓》　福州市　福建教育出版社　1993年

華中師範大學中國近代史研究所編　《辛亥革命與20世紀中國》　武漢市
　　湖北人民出版社　2001年

黃克武　《自由的所以然：嚴復對約翰彌爾自由主義思想的認識與批判》
　　臺北市　允晨文化　1998年

黃克武　《惟適之安：嚴復與近代中國的文化轉型》　臺北市　聯經出版事
　　業公司　2010年

黃瑞霖主編　《中國近代啟蒙思想家：嚴復誕辰150週年紀念論文集》　福
　　　　州市　方志出版社　2003年

黃興濤　《文化怪傑辜鴻銘》　北京市　中華書局　1995年

黃興濤　《辜鴻銘：一個文化怪人的心靈世界》　臺北市　知書房出版社
　　　　2001年

黃興濤　《閒話辜鴻銘》　海口市　海南出版社　1997年

愛新覺羅‧溥儀　《我的前半生》　北京市　群眾出版社　2010年

楊正典　《嚴復評傳》　北京市　團結出版社　1997年

楊國楨　《林則徐大傳》　北京市　中國人民大學出版社　2010年

楊國楨　《林則徐傳》　北京市　人民出版社　1981年

萬仕國　《劉師培年譜》　揚州市　廣陵書社　2004年

葉　參、陳邦直、黨庠周合著　《鄭孝胥傳》　（新京（長春）　滿日文化
　　　　協會　1938年

葉鍾玲　《黃乃裳與南洋華人》　新加坡　新加坡亞洲研究學會　1995年

董小燕　《嚴復思想研究》　杭州市　浙江大學出版社　2006年

詹冠群　《黃乃裳傳》　福州市　福建人民出版社　1992年

鈴木虎雄　〈陳石遺の詩說〉　氏著　《支那文學研究》　東京　弘文堂
　　　　1967年

福州市華僑歷史學會　《黃乃裳學術研討會論文集》　福州市　編者　1992年

福建省社會科學聯合會編　《林則徐研究論文集》、臨時市政局香港歷史博
　　　　物館、林則徐基金會、中國史學會合編　《林則徐、鴉片戰爭與香
　　　　港國際研討會》　香港　編者　1998年

福建省嚴復研究會編　《1993年嚴復國際學術研討會論文集》　福州市　海
　　　　峽文藝出版社　1995年

劉大特　《宋詩派同光體詩選譯》　成都市　巴蜀書社　1997年

劉子政編著　《黃乃裳與新福州》　新加坡　南洋學會　1979年

劉子政編著　《黃乃裳與詩巫》　北京市　中國華僑　1991年

劉世南　《清詩流派史》　臺北市　文津出版社　1995年

劉師培　《劉申叔遺書》　上海市　上海古籍出版社　1997年

劉桂生、林啟彥、王憲明編　《嚴復思想新論》　北京市　清華大學出版社　1999年

劉海峰、莊明水　《福建教育史》　福州市　福建教育出版社　1996年

劉　誠　《中國詩學史》　廈門市　鷺江出版社　2002年

鄭　重、羅耀九編　《嚴復與中國近代化學術研討會論文集》　福州市　海峽文藝出版社　1998年

鄭師渠　《晚清國粹派：文化思想研究》　北京市　北京師範大學出版社　2014年

黎仁凱、鍾康模　《張之洞與近代中國》　保定市　河北大學出版社　1999年

錢鍾書等著　《林紓的翻譯》　北京市　商務印書館　1981年

韓江洪　《嚴復話語系統與近代中國文化轉型》　上海市　上海譯文出版社　2006年

韓洪舉　《林譯小說研究》　北京市　中國社會科學出版社　2007年

翹　生　《復辟紀實》　臺北市　文海出版社　1996年

羅惠縉　《民初「文化遺民」研究》　武漢市　武漢大學出版社　2011年

龐百騰著、陳俱譯　《沈葆楨評傳：中國近代化的嘗試》　上海市　上海古籍出版社　2000年

嚴光輝　《辜鴻銘傳》　海口市　海南出版社　1996年

蘇雲峰　《中國現代化的區域研究：湖北省（1860-1916）》　臺北市　中央研究院近代史研究所　1981年

鐘兆雲　《奇人辜鴻銘》　北京市　中國青年出版社　2001年

## 期刊及論文

〔日〕田中正美　〈林則徐的抗英政策及其思想〉　載〔日〕田中正俊等著、武漢大學歷史系鴉片戰爭研究組編　《外國學者論鴉片戰爭與林則徐》　福州市　福建人民出版社　1989年

〔美〕張灝　〈中國近代思想史的轉型時代〉　《時代的探索》　臺北市
　　中央研究院、聯經出版事業公司　2004年

丁淦林　〈怎樣評價林白水〉　《新聞窗》第2期　貴州市　2007年

戈公振　〈中國新聞事業之將來〉　《東方雜誌》第20卷第15號　上海市
　　1923年8月

方漢奇、林溪聲　〈林白水：以身殉報的報界先驅〉　《新聞與寫作》第9
　　期北京市市　2006年9月

王奇生　〈中國近代人物的地理分布〉　《近代史研究》第2期　北京市
　　1996年2月

王爾敏　〈經世思想之義界問題〉　載《中央研究院近代史研究所集刊》第
　　13期　臺北市　1984.6年

王爾敏　〈儒家傳統與近代中西思潮之會通〉　《新亞學術集刊》第2期
　　香港　1979年

史全生　〈論林則徐的貨幣思想〉　《福建論壇（人文社會科學版）》第9期
　　福建　2007年3月

向　軍　〈清末華僑與漳廈鐵路之籌建〉　《麗水學院學報》第34卷第3期
　　麗水　2012年

成舍我　〈林白水傳序〉《傳記文學》第15卷第5期　臺北市　1969年11月

何曉明　〈張之洞與武漢現代化〉　載馮天瑜、陳鋒主編　《武漢現代化進
　　程研究》　武漢市　武漢大學出版社　2002年

何曉明　〈論晚清「條約口岸知識分子」〉一文　載中國社會科學院近代史
　　研究所政治史研究室、河北師範大學歷史文化學院合編　《晚清改
　　革與社會變遷》（下）　北京市　社會科學文獻出版社　2009年

何藝文　〈孤忠傲骨一詩翁：謹記我外公「帝師」陳寶琛事略〉　《傳記文
　　學》　第54卷第2期　臺北市　1989年2月

呂鳳棠　〈白話報刊的歷史演進及其特徵〉　《出版發行研究》第9期　北
　　京市　2003年9月

李志剛　〈林則徐禁煙與澳門基督教士關係之探討〉　《中華文化復興月
　　刊》第23卷第7、8期　臺北市　1990年7、8月

李金強　〈林則徐與海防建設——以虎門要塞為個案之考查〉　載氏著
　　　　《書生報國——中國近代變革思想之源起》　福州市　福建教育出
　　　　版社　2001年

李金強　〈基督教改革者：黃乃裳與清季改革運動〉　載氏著　《書生報
　　　　國——中國近代變革思想之源起》　福州市　福建教育出版社
　　　　2001年

李金強　〈從祖國到南洋：清季美以美會黃乃裳革命思想之源起（1899-
　　　　1904）〉　載氏著　《聖道東來：近代中國基督教史之研究》　臺
　　　　北市　宇宙光　2006年

李金強　〈清季愛國基督徒黃乃裳之研究〉　載中央研究院近代史研究所編
　　　　《近代中國歷史人物論文集》　臺北市　中央研究院近代史研究所
　　　　1993年

李金強　〈清季福州革命運動興起及其革命團體演進初探〉　載氏著　《區
　　　　域研究：清代福建史論》　香港　教育圖書公司　1996年

李金強　〈評詹冠群：《黃乃裳傳》〉　《人文中國學報》第1期　香港
　　　　1995年4月

李金強　〈福建在國史上地位的分析〉　《新亞學報》第22期　香港　2003
　　　　年10月

李金強　〈導論：福建區域研究述略〉　載氏著　《區域研究：清代福建史
　　　　論》　香港　教育圖書公司　1996年

李金強著　〈興學育才——清季福州新教育發展述論　1866-1911〉　《中國
　　　　近代史學會會刊》第8期　香港　1996年12月

李恩涵　〈清代中葉前對海外移民的政策及其後之改變〉　見氏著　《東南
　　　　亞華人史》　臺北市　五南圖書出版有限公司　2003年

汪辟疆　〈近代詩派與地域〉　載氏著　《汪辟疆說近代詩》　上海市　上
　　　　海古籍出版社　2001年

汪辟疆　〈近代詩壇與地域〉　載氏著　《汪辟疆說近代詩》　上海市　上
　　　　海古籍出版社　2001年

周育民　〈從陳寶琛論清流黨〉　《上海市師範大學學報（哲學社會科學版）》　第27卷第1期　上海市　1998年3月

周　薇　〈二十世紀以來陳衍研究述評〉　《學海》第5期　南京市　2007年

林東源　〈陳衍《石遺室詩話》論同光體〉　《閩江學院學報》（社會科學版）　第27卷第4期　福州市　2006年8月

林增雲　〈近三十年來陳衍詩學研究之回顧與反思〉　《閩臺文化研究》總第40期　福州市　2014年

林慰君　〈關於「林白水與生春紅」的聲明〉　《大成》第9期　香港　1974年8月

林　薇　〈20世紀以來陳衍研究述評〉　《學海》第5期　南京市　2007年

洪峻峰　〈文學家陳衍〉　《廈門大學學報》第4期　廈門市　2002年

唐文治　〈石遺室叢書序〉　載陳步主編　《陳石遺集》　福州市　福建人民出版社　2001年

孫愛霞　〈《聽水齋詞》研究〉　《廣西社會科學》總第168期　南寧市　2009年

孫愛霞　〈落花之傷與國家之悲——末代帝師陳寶琛〈感春四首〉探析〉　《作家雜誌》第9期　吉林市　2010年

孫愛霞　〈遜清文人的落花之傷——陳寶琛《次韻遜敏齋主人落花四首》探析〉　《理論界》第9期　瀋陽市　2010年

高伯雨　〈宣統帝師陳寶琛（1848-1935）〉　《藝文誌》第144期　臺北市　1977年9月

高嘯雲　〈遜清遺老：陳寶琛太傅生平〉　《書和人》第580期　臺北市　1987年10月

張一文、施渡橋　〈試論林則徐的軍事思想〉　載福建省社會科學聯合會編　《林則徐研究論文集》　福州市　福建教育出版社　1992年

張　帆　〈淚波直泣海東頭——陳寶琛詩〈感春〉評析〉　《閩江職業大學學報》　第1期　福州市　2002年

張　帆　〈陳寶琛詩歌評價的幾個問題〉　載《漳州師範學院學報》（哲學社會科學版）第1期　漳州市　2002年

張　帆　〈論陳寶琛近代新式教育實踐〉　《福建師範大學學報（哲學社會科學版）》總第111期　福州市　2001年

張伯雨　〈林白水與生春紅〉　《大成》第8期　香港　1974年7月

張宏生　〈汪辟疆及其近代詩系的建構〉　《南京大學學報（哲學‧人文科學‧社會科學）》第39卷第3期　南京市　2002年

張宏生　〈汪辟疆的詩史觀念及其近代詩說〉　《江西社會科學》第1期　南昌市　2004年

梁元生　〈宗教與革命：新加坡華人基督徒對革命運動之反應〉　該會編：《辛亥革命與南洋華人研討會論文集》　臺北市　編者　1986年

梁敬錞　〈林白水先生傳略補遺〉　《傳記文學》第15卷2期　臺北市　1969年8月

許維勤　〈鰲峰書院的學術傳統及其對林則徐的滋養〉　《清史研究》第3期　北京市　2007年8月

郭廷以　〈中英鴉片問題與林則徐的措置〉　載氏著　《近代中國的變局》　臺北市　聯經出版事業公司　1987年

郭肇民　〈我所知道的陳寶琛〉　載《福建文史資料》第5輯

郭鎮之　〈林白水命運的歷史審視〉　《國際新聞界》第2期　北京市　2007年2月

陳三井　〈濺淚民國：論清遺民的辛亥革命觀〉　載武漢大學　《紀念辛亥革命100週年國際學術研討會》　武漢市　編者　2011年

陳勇勤　〈晚清清流派的恤民思想〉　《歷史檔案》第2期　北京市　2003年

陳勇勤　〈晚清清流派教育思想探論〉　《遼寧教育學院學報》第1期　遼寧　1994年

陳勇勤　〈晚清清流派整頓吏治清議述論〉　《社會科學戰線》第2期　長春市　1994年

陳勇勤　〈略論李鴻章與清流派〉　《學術界》第4期　合肥市　1992年

陳　衍　〈林旭傳〉　載陳步主編　《陳石遺集》　福州市　福建人民出版社　2001年

陳　衍　〈林紓傳〉　《國學專刊》第1卷第3、4期　1927年

陳　俱　〈試從《滄趣樓詩集》析滄趣老人的襟懷〉　載唐文基等編　《陳寶琛與中國近代社會》　福州市　陳寶琛教育基金籌委會　1997年

陳勝粦　〈論林則徐的歷史地位〉　載氏著　《林則徐與鴉片戰爭論稿》廣州市　中山大學出版社　1990年

陳與齡　〈林白水先生傳略〉　《東方雜誌》第32卷第13期　上海市　1935年

程光裕　〈黃乃裳的革命志業〉　《孫中山與近代中國學術討論集》　第2冊　臺北市　編者　1985年

馮　祥　〈黃乃裳及愛國思想發展初探〉　載蔡仁龍等編　《華僑歷史論叢》　福州市　福建華僑史學會　1984年

黃乃光　〈菽莊吟社與「同光體」閩派的關係〉　《復旦學報（社會科學版）》　第4期　上海市　2009年

黃新憲　〈林白水的社會啟蒙思想探略〉　《河北師範大學學報》（哲學社會科學版）第29卷第4期　石家莊市　2006年7月

黃新憲　〈清代福州書院特色考略〉　《閩都文化研究》2006年第1期　福州市　2006年

黃嘉康　〈陳寶琛與清季福建新政——以漳廈鐵路為例〉　載陳倩主編《第七屆香港亞洲研究學會論文集》　香港　香港樹仁大學當代中國研究中心　2012年

楊國楨　〈林則徐對西方知識的探求〉　載氏著《林則徐論考》　福州市福建人民出版社　1989年

楊國楨　〈禁煙中的粵海關與沿海貿易——英國收藏的豫堃致林則徐咨文考釋〉　《中國社會經濟史研究》第4期　北京市　2007年12月

楊萌芽　〈張之洞幕府與清末民初的宋詩活動〉　《齊魯學刊》總第197期曲阜　2007年

楊萌芽　〈都下雅集：陳衍等宋詩派成員清末在京師的文學活動〉　《中州學刊》　總第165期　鄭州市　2008年5月

葛劍雄　〈歷史人才分布研究二題〉　載氏著　《葛劍雄自選集》　桂林市廣西師範大學出版社　1999年

董立功　〈陳嘉庚與道南學堂〉　《群賢文苑》　2018年5月24日　轉引自
　　　　廈門大學校友總會網頁 https://alumni.xmu.edu.cn/info/1020/2045.htm
　　　　瀏覽日期：2019年10月30日。

詹冠群　〈陳寶琛與漳廈鐵路的籌建〉　《福建師範大學學報（哲學社會科
　　　　學版）》第2期　福州市　1999年

鈴木虎雄　〈陳石遺の詩說〉　氏著　《支那文學研究》　東京　弘文堂
　　　　1967年

廖楚強、蕭忠生　〈論陳寶琛的詩詞風格〉　載唐文基等編　《陳寶琛與中
　　　　國近代社會》　福州市　陳寶琛教育基金籌委會　1997年

熊月之、潘君祥、沈祖煒、羅蘇文　〈論東南沿海城市與中國近代化〉
　　　　《史林》　第1期　上海市　1995年1期

劉建萍　〈論陳衍對錢鍾書的影響〉　《貴州社會科學》總第206期　貴陽
　　　　市　2007年2月

劉炳元　〈淺論林則徐的廣東防務〉　福建省社會科學院歷史研究所編
　　　　《林則徐與鴉片戰爭研究論文集》　福州市　福建人民出版社
　　　　1985年

蔡元培　〈愛國女學三十五年來之發展〉　引自陳學恂主編　《中國近代史
　　　　教學參考資料》上冊　北京市　北京市人民出版社　1993年

鄭毓蘋、曾仕良　〈梓中少見的陳寶琛〉　《南開學報》第6卷第1期　天
　　　　津市　2009年6月

鄭劍順　〈林則徐對夷情的探訪與認識〉　《河南師範大學學報（社會科學
　　　　版）》　33：2　新鄉市　2006年3月

錢仲聯　〈論同光體〉　載氏著　《當代學者自選文庫：錢仲聯卷》　合肥
　　　　市　安徽教育出版社　1999年

錢仲聯、嚴明　〈袁枚和陳衍──論詩壇盟主對清詩的積極影響〉　《江海
　　　　學刊》　第1期　南京市　1995年第1期

戴學稷　〈林則徐〉　載氏主編　《鴉片戰爭人物傳》　福州市　福建教育
　　　　出版社　1985年

瞿立鶴　〈清末民初軍國民教育思潮〉　《師大學報》第29期　臺北市
　　　　1984年6月

顏清煌　〈辛亥革命與南洋華人〉　《辛亥革命與南洋華人研討會論文集》
　　　　臺北市　近史所　1986年

羅志田　〈「天朝」怎樣開始「崩潰」──鴉片戰爭的現代詮釋〉　《近代
　　　　史研究》第3期　北京市　1999年03期

蘇中立　〈百年來嚴復研究的發展概述〉　載黃瑞霖主編　《中國近代啟蒙
　　　　思想家：嚴復誕辰150週年紀念論文集》　北京市　方志出版社
　　　　2003年

鍾碧容　〈林白水〉　載李新、孫思白主編　《民國人物傳》第4冊　北京
　　　　市　中華書局　1978年

## 外文資料

*The China Weekly Review*, 21 August 1926. Vol.37. No.12.

Barnett, Susan Wilson, "Foochow's Academies: Public Ordering and Expanding Education in the Late Nineteenth Century," in *Bulletin of the Institute of Modern History,* Vol. 16 (June 1987), pp. 535-537.

Bays, Daniel H., *China Enters the Twentieth Century: Chang Chih-tung and the Issues of the New Age, 1895-1909*, Ann Anbor: The University of Michigan Press, 1971.

Bays, Daniel H., *China Enters the Twentieth Century: Chang Chih-tung and the Issues of the New Age, 1895-1909.*

Carlson, Ellsworth, *The Foochow Missionaries, 1847-1880*, Cambridge: Harvard University Press, 1974.

Chang, Hsin-pao, *Commissioner Lin and the Opium War*, Cambridge. Mass: Harvard University Press, 1964.

Chen, Gideon, *Lin Tse Hsu: Pioneer Promoter of the Adoption of Western Means* of Maritime Defense in China. New York: Paragon Book Gallery, 1961.

Dunch, Ryan, Fuzhou Protestants and the Making of a Modern China 1857-1927, New Haven: Yale University Press, 2001.

Hummel, Arthur, Eminent Chinese of the Ch'ing Period, 1644-1912, Taipei: Cheng-Wen Pub. Co., 1970.

Pong, David, 'Keeping the Foochow Navy Yard Afloat: Government Finance and China's Early Modern Defence Industry,' Modern Asian Studies, Vol. 21, No.1 (1987).

Pong, David, 'Western Technicians and Technical Aid in China's Early Developmental Experience: The Foochow Navy Yard, 1866-75', Far Eastern History, Vol. 20 (Sept. 1979).

Pong, David, Modernization and Politics in China as Seen in the Career of Shen Pao-chen (1820-79), Ph. D Dissertation, University of London, 1969.

Pong, David, Shen Pao-chen and China's Modernization in the Nineteenth Century (Cambridge: Cambridge University Press, 1994).

Rankin, Mary Backus, Early Chinese Revolutionaries: Radical intellectuals in Shanghai and Chekiang, 1902-1911, Cambridge, Mass: Harvard University Press, 1971.

Richardson, Philip, 'Review: David Pong, Shen Pao-chen and China's Modernization in the Nineteenth Century,' The Economic History Review, New Series, 48:1, (Feb, 1995).

Schwartz, Benjamin, In Search of Wealth and Power: Yen Fu and the West, Cambridge, Mass.: Harvard University Press, 1964.

Ting, Lee-Hsia Hsu, Government Control of the Press in Modern China, 1900-1949, Cambridge, Mass: Harvard University Press, 1974.

Yeap, Chong Leng, *Wong NaiSiong and the Nanyang Chinese: An Anthology*, Singapore: Singapore of Asian Studies, 2001.

Yen, Ching Hwang, *The Overseas Chinese and the 1911 Revolution*, Kuala Lumpur: Oxford University Press, 1976.

大學叢書·香港浸會大學近代史研究中心專刊　1704005

# 近代福建知識分子史論

| | | |
|---|---|---|
| 著　　　者 | 黃嘉康 | |
| 責任編輯 | 呂玉姍 | |
| 特約校對 | 林秋芬 | |
| 發 行 人 | 林慶彰 | |
| 總 經 理 | 梁錦興 | |
| 總 編 輯 | 張晏瑞 | |
| 編 輯 所 | 萬卷樓圖書股份有限公司 | |
| 排　　　版 | 林曉敏 | |
| 印　　　刷 | 博創印藝文化事業有限公司 | |
| 封面設計 | 菩薩蠻數位文化有限公司 | |

發　　　行　萬卷樓圖書股份有限公司

臺北市羅斯福路二段 41 號 6 樓之 3

電話 (02)23216565

傳真 (02)23218698

電郵 SERVICE@WANJUAN.COM.TW

香港經銷　香港聯合書刊物流有限公司

電話 (852)21502100

傳真 (852)23560735

**ISBN 978-986-478-359-5**

2020 年 7 月初版

定價：新臺幣 260 元

如何購買本書：

1. 劃撥購書，請透過以下郵政劃撥帳號：

帳號：15624015

戶名：萬卷樓圖書股份有限公司

2. 轉帳購書，請透過以下帳戶

合作金庫銀行 古亭分行

戶名：萬卷樓圖書股份有限公司

帳號：0877717092596

3. 網路購書，請透過萬卷樓網站

網址 WWW.WANJUAN.COM.TW

大量購書，請直接聯繫我們，將有專人為

您服務。客服：(02)23216565 分機 610

如有缺頁、破損或裝訂錯誤，請寄回更換

版權所有·翻印必究

Copyright©2020 by WanJuanLou Books CO., Ltd.

All Right Reserved　　　　　**Printed in Taiwan**

國家圖書館出版品預行編目資料

近代福建知識分子史論 / 黃嘉康著. -- 初版. -

- 臺北市 ： 萬卷樓, 2020.07

　面 ；　公分. -- (大學叢書. 香港浸會大學近

代史研究中心專刊；1704005)

ISBN 978-986-478-359-5(平裝)

1.知識分子 2.歷史 3.福建省

546.1135　　　　　　　　　　　109004741